教育部中等职业教育专业技能课立项教材

旅游服务与
酒店管理类

# 旅游职业礼仪与交往


主　编◎庄剑梅

副主编◎薛春霞　王代鹃

参　编◎邓　涛　杨玉婷　李　姣
　　　　刘　怡　谭琳琳　张　辉

LÜYOU ZHIYE
LIYI YU JIAOWANG


中国人民大学出版社

·北京·

**图书在版编目（CIP）数据**

旅游职业礼仪与交往 / 庄剑梅主编. -- 北京：中国人民大学出版社，2022.6
教育部中等职业教育专业技能课立项教材
ISBN 978-7-300-30676-6

Ⅰ.①旅… Ⅱ.①庄… Ⅲ.①旅游服务－礼仪－中等专业学校－教材 Ⅳ.①F590.63

中国版本图书馆 CIP 数据核字（2022）第 095913 号

教育部中等职业教育专业技能课立项教材
**旅游职业礼仪与交往**
主　编　庄剑梅
副主编　薛春霞　王代鹏
参　编　邓　涛　杨玉婷　李　媛　刘　怡　谭琳琳　张　辉
Lüyou Zhiye Liyi yu Jiaowang

| | | | |
|---|---|---|---|
| 出版发行 | 中国人民大学出版社 | | |
| 社　　址 | 北京中关村大街 31 号 | 邮政编码 | 100080 |
| 电　　话 | 010－62511242（总编室） | | 010－62511770（质管部） |
| | 010－82501766（邮购部） | | 010－62514148（门市部） |
| | 010－62515195（发行公司） | | 010－62515275（盗版举报） |
| 网　　址 | http://www.crup.com.cn | | |
| 经　　销 | 新华书店 | | |
| 印　　刷 | 北京宏伟双华印刷有限公司 | | |
| 规　　格 | 185 mm×260 mm　16 开本 | 版　　次 | 2022 年 6 月第 1 版 |
| 印　　张 | 10 | 印　　次 | 2022 年 6 月第 1 次印刷 |
| 字　　数 | 239 000 | 定　　价 | 29.00 元 |

# 前　言…………PREFACE

旅游业被誉为“朝阳产业”“无烟工业”，已成为许多国家和地区的主要支柱产业。旅游业也是近20年来全球经济体系中增长最快的产业领域。据世界旅游组织最新预测，未来10年中国还将继续成为旅游业发展速度最快的国家之一，中国将成为全球最大的入境旅游目的地之一。旅游业作为一个传统而现代的服务性行业，其发展除了凭借良好的经济环境、丰富的旅游资源和颇具特色的旅游产品之外，为旅游者提供职业化水平的服务也是影响其发展的重要因素之一。因此，旅游服务人员重礼、知礼、学礼、用礼的观念和实践，对提高旅游业的服务水平起着至关重要的作用。

本书作为反映中职教育教学改革最新理念的新型实用教材，是基于工作过程导向的中职课程开发的一次有益尝试，是基于行动导向的情境化教学模式的有益探索。本书大量吸收国内外礼仪研究成果，系统阐述旅游服务礼仪基本原理，根据旅游服务人员日常工作中所涉及的礼仪活动，确定了旅游服务人员的个人形象礼仪、日常交往礼仪、岗位服务礼仪、主要客源国礼仪等项目，每个项目之下都设置了若干个任务。每个项目设置了学习目标、案例导入、任务实施、项目测评等板块。“学习目标”指明了学习本项目之后学生能掌握何种旅游服务礼仪，让学生在每个学习项目一开始就做到学有重点、学有方向。“案例导入”精选典型、鲜活、实用的旅游礼仪案例，供师生分析讨论。“任务实施”是教师通过设计教学情境、模拟角色扮演等方式方法，让学生“做中学、学中做”，学做结合，不断提高其实践操作能力。“项目测评”提供了课后练习题，帮助学生巩固所学知识、检验学习效果。

本书可作为中职旅游相关专业的教材，也可作为从事旅游服务工作的有关人员提高礼仪素养和服务水平的参考读物及自我训练手册，还可以作为旅游行业进行在职培训的创新型实用教材。

# 目　录 ………… CONTENTS

项目一

# 走近礼仪

## 学习目标

知识目标：

1. 了解礼仪的起源和发展概况、旅游服务礼仪的特点和原则。
2. 熟悉现代旅游服务礼仪的概念。
3. 掌握旅游服务人员的基本素质及旅游服务礼仪的重要作用。

能力目标：

1. 掌握塑造个人健康良好形象的基本职业能力。
2. 提高日常交往的基本能力。
3. 具备旅游服务礼仪的基础知识和技能。

思政目标：

1. 学习中国礼仪的起源和发展，培养爱国精神。
2. 通过学习岗位接待礼仪，形成良好品德，提高人际交往能力。

## 案例导入

### 掌柜态度的转变

一个人走进饭店要了酒菜，吃完摸摸口袋发现忘记带钱了，便对老板说："店家，今日忘带钱了，改日送来。"店老板连声说："不碍事，不碍事。"并恭敬地把他送出了门。这一过程被一个无赖给看见了，他也进了饭店，要了酒菜，吃完后摸了下口袋对店老板说："今日忘带钱了，明日送来。"谁知店老板脸色一变，揪住他，非剥了他衣服不可。无赖不服说："为什么刚才那人可以记账，我就不行？"店家说："人家吃饭，筷子在桌子上找齐，喝酒一盅盅地筛，斯斯文文，吃罢掏出手绢擦嘴，一看就是个有德行的人，岂能赖我饭钱？你呢？筷子在胸前找齐，狼吞虎咽，吃上瘾来，脚踏上条凳，端起酒壶直往嘴里灌，吃罢用袖子擦嘴，分明是居无定室、食无定餐之徒，我岂能饶你！"一席话说得无赖哑口无言，只得留下外衣，狼狈而去。

问题：为什么无赖只能狼狈而去？

案例中的无赖的行为充分说明一个人的行为好似一面镜子，反映出他的文化底蕴、知识水准和道德修养。细节决定成败，不注重自己的言行，很难得到别人的信任与尊重。

# 任务一 初识礼仪

礼仪是人类社会摆脱野蛮和愚昧，逐渐走向文明的标志。中国是具有辉煌历史的礼仪大国，五千年的文明使我们当之无愧地享有“礼仪之邦”的美誉。

## 任务分析

在中国五千年的历史进程中，不仅形成了一整套完善的礼仪思想和礼仪规范，而且重礼仪、守礼法、讲礼信、遵礼义已经内化为民众的一种自觉意识，贯穿于社会活动的各个方面，成为中华民族的重要文化特征。礼仪的历史发展轨迹，现代旅游礼仪的表现形式、特点等，是旅游接待礼仪人员应该掌握的基本知识。

## 任务准备

### 一、礼仪的起源和发展

#### （一）礼仪的起源

中国具有几千年文明史，素有“礼仪之邦”之称，中国人也以彬彬有礼的风貌著称于世。礼仪既是表达亲切情感的一种方式，又是文明社会的重要标志，反映了人类互相尊重的需要。

礼仪的产生，源于人类协调主客观矛盾的需要。一方面，人类在与大自然抗争的生存发展中，需要以群居的形式相互依靠生存，使得人与人之间既相互依赖，同时又相互制约。由此，人类逐渐积累约定出一系列的“人伦秩序”，这就是最初的礼。另一方面，人类在追求实现自身愿望和与别人交往的过程中，难免会产生这样或者那样的矛盾、冲突，这就需要“止欲制乱”而制礼。

从具体的仪式上说，礼仪产生于原始的宗教祭祀活动。原始社会时期，生产力极其低下，人类对于日月、星辰、风雨、雷电等千变万化的自然现象，充满了敬畏和恐惧，把这些自然的力量神秘化、人格化，把它们看作宇宙的最高主宰并顶礼膜拜。对于原始人来说，生存繁衍是他们最大的企盼，而物产丰富则是他们赖以生存的物质基础，所以礼仪是他们为祭祀天地神明、保佑风调雨顺、拜求降福免灾而举行的一项敬神拜祖仪式。他们希望借此可以逃避天灾人祸，可以五谷丰登。在祭祀活动的发展过程中，人类逐渐完善相应的制度规范，形成正式的祭祀礼仪。

### （二）礼仪的发展

1. 起源阶段：公元前 21 世纪前（夏朝以前）

原始社会是礼仪的萌芽时期，礼仪形式比较虔诚、简单，而且不具有阶级性质。主要有：明确血缘关系的婚嫁礼仪，区分部族尊卑等级的礼制，祭天敬神的一些祭典仪式，以及一些人们生活交往中表示恭敬和礼节的动作。

2. 形成阶段：公元前 21 世纪—前 771 年（夏、商、西周三代）

礼仪正式形成始于奴隶社会。在奴隶社会时期，逐渐形成了比较完整的国家礼仪制度。《周礼》是我国历史上第一部记载“礼”的书籍，它与后世的《仪礼》《礼记》统称为“三礼”，反映了周代的礼仪制度，是我国最早的礼仪学专著。“三礼”标志着礼仪已经发展到了系统、完备的阶段，内容涵盖了政治、宗教、婚姻、家庭等各个方面，奠定了我国传统礼仪的基础。

3. 发展变革时期：公元前 771 年—前 221 年（春秋战国时期）

春秋战国时期，奴隶制度开始走向崩溃，封建制度逐渐形成。这一时期，以孔子、孟子等为代表的诸子百家第一次在理论上全面而深刻地论述了社会等级秩序划分及其意义，对礼教进行了研究和发展，对礼仪的起源、本质和功能进行了系统阐述。这一时期的“礼”的思想，不仅仅指“礼仪”，而且涵盖了道德的全部内容。这些思想构成了我国传统礼仪文化的基本精神，奠定了古代礼仪文化的基础。

4. 强化阶段：公元前 221 年—1911 年（秦汉到清末）

在长达两千多年的封建社会里，尽管不同的朝代礼仪文化具有不同的特征，但都是为统治阶级所利用的工具。秦汉时期提出了“三纲”“五常”之说，后来被人们作为日常行为礼仪准则。到了宋代，礼仪的特点是家礼，表现为“三从四德”。明清时期，封建礼仪更加完善，达到鼎盛时期。整体来看，封建社会的礼仪，主要涉及家庭伦理和国家政治的礼制，构成了中华传统礼仪的主体。

5. 现代礼仪发展阶段：1911 年至今

辛亥革命推翻了封建礼教，也随之掀起了礼仪革命的浪潮，兴起了人与人之间一律平等的礼节礼仪。如废除跪拜礼，形成鞠躬礼。五四新文化运动清算了腐朽、落后的礼教，继承、完善了一些符合时代要求的礼仪，如举手礼被军队采用，握手礼被广泛使用。新中国成立以后，逐渐确立以平等相处、友好往来、相互帮助、团结友爱为主要原则的有中国特色的新型社会关系和人际关系。

## 二、与礼仪相关的概念

### （一）礼仪的基本概念

1. 礼

礼，本来的含义是敬神，后来引申为表示敬意的统称，如礼貌、敬礼等。随着社会历史的发展，“礼”的内涵不断延伸和扩展，它既可以指为表示敬意而隆重举行的某种仪式，又可以泛指人们交往过程中的礼貌和礼节，成为“礼貌”“礼节”“礼仪”等的代名词，是人们在长期生活实践中约定俗成的行为规范。

2. 礼貌

礼貌是指人们在人际交往中相互表示敬重和友好的行为规范，表现在言语、表情、姿态等方面。礼貌行为表现为：微笑、欠身、点头、鞠躬、握手、拥抱、双手合十等；礼貌语言表现为：使用“先生”“您”等敬语，“恭候光临”“我能为您做点什么”等谦语，“哪一位”“不新鲜”“不雅观”等雅语。礼貌，体现的是一个时代的风貌以及人们的道德品质、文化水平和文明程度。在人际交往中讲究礼貌，还能避免或者缓解一些不必要的矛盾。

3. 礼节

礼节是礼貌在语言、动作、仪表上的外在表现形式。没有礼节，就无所谓礼貌。礼节是人们在交际场合中表示尊敬、问候、致谢、祝愿等方面的一般形式。比如学生见到老师应主动问好；还别人物品时，应双手奉上或者鞠躬表示感谢；餐厅服务员在接待客人的时候，要面带微笑。

礼节的形式有很多种，不同的国家或地区、不同的民族、不同时代由于生活习惯不同，礼节存在不同的表现形式。比如在中国古代有跪拜、作揖等；泰国人有双手合十等；国际交往中，日常见面礼有点头致意礼、举手注目礼、握手礼、吻手礼等多种。

4. 礼仪

礼仪是由一系列表现礼貌的礼节所构成的，是对礼节、仪式的统称。礼仪在人际交往中自始至终都是以一定的、约定俗成的方式来表现的，用以沟通思想、交流感情、表达意愿、促进了解。从广义上来看，礼仪是一系列礼节的集合，既指在一些较大较正式的场合中举行的各种隆重的仪式，也泛指人们在人际交往过程中表现的礼貌、礼节。

礼仪是一个人的思想道德、文化修养以及交际能力的外在表现，是一个社会的文明程度、生活习惯以及道德风尚的反映，是精神文明建设的重要组成部分，也是人们塑造形象的重要手段。

### （二）旅游服务礼仪的概念

所谓旅游服务礼仪，就是指旅游行业从业人员或旅游组织为了树立和维护企业的良好形象，构建组织与公众和谐关系的过程中应当遵循的尊重他人，讲究礼貌、礼节，注重仪容、仪表、仪态、仪式等的规范和程序。旅游服务礼仪以礼仪为基础，是礼仪在旅游接待服务过程中的具体应用，是对旅游者表示尊重和友好的一系列行为规范。

旅游服务礼仪是提供礼貌服务，提供礼节、礼仪行为的一种人际交往活动。其基本内容包括服饰规范、仪容规范、仪态规范、语言规范和岗位规范，在每一个具体的服务程序上，对每一个旅游服务人员什么可以做、什么不可以做、怎么做的问题都做了详细规定和特殊要求。

## 任务实施

分组进行手势礼、鞠躬礼、礼貌用语的练习，要求言行一致。

# 任务二 认识旅游服务礼仪

## 任务分析

在旅游服务工作中，如果服务人员具有谅解、支持、团结、诚实、热情等良好的品质，就能与旅游者建立和谐的人际关系，保持最佳的服务状态。面对不同国家、不同民族、不同文化习俗的旅游者，为满足其不同需求，还应不断提高文化水平、服务意识，提升自我修养，做一个高素质的旅游接待人员。

## 任务准备

随着社会的不断进步和发展，礼仪体现的是人与人之间的一种互动关系，已经渗透到日常生活的方方面面，发挥着越来越大的作用。在过去，旅游只是少数人可以参与的活动，随着生产力的不断发展，人民生活不断改善，如今旅游已日渐成为大众生活中必不可少的部分，旅游服务礼仪自然成为促进旅游业健康、快速发展的重要工具。旅游服务礼仪指导着旅游服务人员的一言一行，小到举手投足，大到待人接物。同时，旅游服务礼仪伴随着旅游活动的发展，也在不断地吐故纳新，促进自身的发展。

### 一、旅游服务礼仪的特点

#### （一）具体性

现代礼仪是道德规范的组成部分，通过语言、行动来表现。与一般的道德规范不同的是，它有具体的形式和规则。例如，尊重他人的礼貌要求，在旅游服务中具体表现为：经常使用“您好”“请”“对不起”“谢谢”等敬语，主动为客人开门，开车门时要护顶等动作。

#### （二）共同性

礼仪作为一种文化现象，是全人类的共同财富。它跨越了国家和地区的界线，为世界各国人民共同拥有。尽管不同的国家、不同的民族、不同的社会制度所形成的礼仪有一定差异性，但在讲文明、懂礼貌、相互尊重原则基础上形成的完善的礼仪形式，已为世界各国人民所接受并共同遵守。

#### （三）差异性

礼仪从产生那天起，就极具民族特色。中国是一个多民族国家，56 个民族各有自己的礼仪形式，世界上许多国家也都是由多民族组成的，所以礼仪作为约定俗成的行为规范在拥有共性的同时，又表现出较为明显的民族差异性。比如东方人见面习惯于握手、鞠躬，西方人见面习惯于接吻、拥抱等。这些差异，带有强烈的民族性。如今我国吸引越来越多的外国人前来旅游，在旅游接待过程中，旅游从业人员应该尊重各个民族的不同风俗习惯，尊重他们的礼仪。

### （四）实用性

旅游服务礼仪的实用性表现在它对现实生活的指导意义上。特别是在工作中，旅游从业人员如何着装、如何向客人表达友好之情、如何回答客人的疑问等，都可以在旅游服务礼仪里面找到答案。正是因为具有很强的实用性，旅游服务礼仪才成为每一位旅游从业人员所必须了解和掌握的内容。

### （五）发展性

现代生活是多元、丰富、多变的，礼仪文化也不是一成不变的，而是随着社会的进步而不断发展的。随着国家对外开放的不断深化，通信、交通技术的飞速发展，世界各国的政治、经济、思想、文化等诸种因素的互相渗透，我国的传统礼仪自然也被赋予许多新鲜的内容。礼仪规范更加国际化，礼仪变革向符合国际惯例的方面发展，形成一整套既富有我国自己的传统特色，同时又符合国际惯例的礼仪规范已成为必需。

## 二、旅游服务礼仪的原则

### （一）尊重他人的原则

尊重他人讲的是对待他人的态度，这种态度要求承认和重视他人的人格、感情、爱好、习惯、职业、社会价值以及所应享有的权利。尊重他人是赢得他人尊重的前提，只有相互尊重，人与人之间的关系才会融洽和谐。在人际交往中要努力做到敬人之心常存，不失敬于人，不伤害他人的尊严，更不侮辱对方的人格。

### （二）遵时守信的原则

遵时，就是要遵守规定或约定的时间，不能违时或失约。违时、失约、不守信用等，都是失礼的行为，是人际交往中的大忌。

工作中，旅游从业人员都必须认真而严格地遵守自己的所有承诺。说话务必要算数，许诺一定要兑现，约会必须要如约而至。在一切有关时间方面的正式约定之中，尤其需要恪守不怠。

### （三）适度的原则

适度就是在服务交往中，要把握与特定环境相适应的交往对象之间的感情尺度，必须注意技巧，合乎规范，掌握分寸。旅游从业人员运用礼仪恰到好处、恰如其分，不是一朝一夕所能做到的，只有勤学苦练、积极实践，此外别无他法。

### （四）自律的原则

自律原则是指在服务交往中，在没有任何监督的情况下，服务人员都能够依据礼仪规范要求自我、约束自我、对照自我、自我反省、自我检点。旅游服务活动中与他人交往，同样不可随心所欲，要做到自律和自重。礼仪是靠人自觉来维系的，靠社会舆论来监督的。人们不断提高自我约束、自我克制的能力，在与他人交往时，就会自觉按礼仪规范去做，而无须别人的提示和监督。

### （五）入乡随俗和灵活利用的原则

“入乡随俗”是旅游服务礼仪的基本原则之一。在国际交往中，要真正做到尊重交往对象，首先就必须尊重对方所独有的风俗习惯。去其他国家或地区工作、学习、参观、访问、旅游的时候，要对当地所特有的风俗习惯有一定的了解和尊重。“灵活利用”是要求旅游从业人员能够将所学的礼仪知识灵活运用于实际生活当中，不需循规蹈矩、按部就班，而应随机应变、活学活用。

## 三、旅游服务人员的基本素质

### （一）具备一定的职业知识

旅游业集行、游、住、食、购、娱等服务为一体，是综合性的大产业，旅游服务人员在满足旅游者整个旅游活动过程中的多方面要求时，必须具有广博的知识，具体包括：

（1）扎实的文化基础知识。这是良好的个人素质基础，也是从业人员职业生涯中实现可持续发展的根基。

（2）广博的专业基础知识。专业基础知识是知识素质中的核心，也是旅游服务人员个体能力拓展的保障。

（3）过硬的专业知识。它是指旅游业中诸如酒店业、旅行社业、景区等不同行业对从业人员特定的知识素质要求，专业知识在知识素质中处于高端，是旅游服务人员个体迈向职业生涯顶端的必备条件。

### （二）具备一定的职业技能

旅游服务人员在旅游活动的全过程中，为完成各项旅游服务工作任务还必须具备相应的技能，它是从业人员从事旅游服务工作的一系列行为方式及智力活动方式的总称，包括一般技能、专业技能和特殊技能三个方面。

（1）一般技能，是从业人员在从事旅游服务的各项工作中，应具备的诸如语言表达、接待、交际等方面的技能，它们是开展旅游服务工作的最低要求，是从业人员入门的基本条件。

（2）专业技能，是旅游服务人员运用已有的知识经验，通过专业教育和实践的长期训练获得的，是旅游服务过程中各项工作的娴熟程度及经营技能、技巧的体现，它以一般技能作支撑又高于一般技能，处于职业技能的主体地位。专业技能既是旅游服务人员履行旅游服务职责的重要条件，也有助于个人提升及获取信心。

（3）特殊技能，是指满足不同服务层次需求、驾驭各种复杂局面、提升旅游服务档次的关于管理、服务、应变、调适等方面的技能。主要包括在心理学、经济学、管理学、社会学，甚至跨文化交际等方面的认知技能。特殊技能既是旅游服务人员的实力支撑，也是促进旅游服务业提档升级的必要条件。

### （三）具备良好的职业道德

旅游服务工作过程的综合性、复杂性、服务性、开放性等特点，要求旅游服务人员必须具有良好的职业道德。

（1）旅游服务人员要树立“服务、敬业”的职业理念，才能在为旅游者提供多种服务项目的过程中理性地站在责任、道德的认识高度承受强大的劳动强度、面对各类对象、满足多样的服务要求、应对突发事件，从而建立起个体职业生涯中的动力系统。

（2）旅游服务人员要培养“忠诚、乐观”的职业态度，才能从容应对职业活动中的各种问题，化解各种矛盾，体现在言行上就是态度和蔼、语言文明、礼貌待客、服务周到，体现在职业形象中则为热情、好客、微笑、阳光。

（3）旅游服务人员要遵循“严谨、自律”的职业操守，做到明理诚信、言行规范、公私分明、遵纪守法，不贪、不拿、不欺，时刻维护旅游者的利益，进而维护旅游行业的整体利益和形象。

## 四、旅游服务礼仪的重要作用

### （一）教育作用

礼仪是一个国家、一个民族的文明程度、社会风尚和道德水准的重要标志，也是衡量一个人综合素质高低的重要标志。礼仪教育是培养和造就社会主义社会一代新人的重要内容，其教育导向作用是不可或缺的，也是其他形式不可替代的。我国著名的思想家颜元说：“国尚礼则国昌，家尚礼则家大，身尚礼则身修，心尚礼则心泰。”在旅游交往过程中，旅游服务人员知礼、懂礼、合适运用礼仪，不仅可以不断提高自身道德修养，而且可以潜移默化地影响旅游服务对象的素质。

### （二）沟通作用

促进人际关系的沟通和交往，改善人们的相互关系，是礼仪的又一重要作用。在旅游交往的过程中，大家来自五湖四海，相互之间可能不认识、不了解，因此只有讲究礼仪，共同用礼仪来规范彼此的交际活动，才能拉近彼此的距离，增进相互之间的了解和友谊。如果不讲究礼仪，或者不能恰当地运用礼仪，即使你从内心里尊重对方，想得到对方的好感，也无法给对方留下好的印象。人与人之间的相互观察和了解，一般都是从礼仪开始的，比如一句关心问候语、一次友好的握手都可以唤起人们的沟通欲望，相互建立起好感和信任，进而形成和谐、良好的人际关系，促进交际的成功。

### （三）协调作用

每个人由于成长环境及受教育程度不同，再加上性格、职业、年龄、性别的差异，在交往中往往存在不同的价值取向。在人际交往中，为了维护自身利益，人们在行为方式上往往不同程度地带有“利己排他”的倾向，这就必然会使交往双方发生不同程度的矛盾和冲突。礼仪的原则和规范约束着人们的动机，指导着人们为人处世的方法，从而很好地协调着人与人、人与社会的关系，使人们在相互理解、相互尊重的前提下能够友好相处，创造和谐的社会秩序。

### （四）维护作用

良好的社会秩序与道德、法律规范紧密联系。《礼记》写道：“为政以礼。”法律是维持社会稳定的重要工具，但是法律并不能约束所有的关系，在法律所不及的领域内，就需要用道德礼仪来规范和维护社会的稳定了。

礼仪约束着人们的态度和动机，规范着人们的行为方式，协调人与人之间的关系，维护着社会的正常秩序，在社会交往中发挥着巨大的作用。可以说，社会的运行与稳定、社会秩序的井然有序、人际关系的协调融洽、家庭邻里的和睦安宁，都要依赖于人们共同遵守礼仪的规范和要求。对于旅游企业和旅游服务人员而言，除了要遵守旅游法律法规外，遵守旅游服务礼仪的原则就是维护旅游行业有序、健康发展的有力保证。

### （五）推动社会发展的作用

礼仪状况是社会稳定的晴雨表。衡量一个社会的礼仪状况，最主要的是社会的安稳程度。一个由于经济贫困而引发社会动荡不安的社会环境是不会讲究礼仪的。“仓廪实而知礼节”是一个规律。社会主义物质文明、政治文明、精神文明的共同发展，构成了我国社会发展和进步的总趋势。礼仪是社会主义精神文明的一个重要组成部分，每一个旅游服务人员讲礼仪，就可以减少工作内耗、提高工作效率，可以为企业创造更多的经济效益和社会效益。各行各业讲礼仪，将有利于推动社会的文明、进步与发展。

## 任务实施

请模拟以下情景：

（1）分小组进行岗位接待礼仪练习；

（2）分小组进行岗位接待用语的练习。

## 项目小结

礼仪不仅约束着人们在一切交际场合的言谈话语、行为举止，也是人们在交际场合必须采用的一种“通用语言”，是衡量他人、判断自己是否自律、敬人的一种尺度。对于旅游服务人员来讲，礼貌礼仪是衡量服务质量高低的重要标志之一。

## 项目测评

### 一、选择题

1. 礼仪正式形成始于（　　）。

A. 奴隶社会　　B. 原始社会　　C. 辛亥革命时期　　D. 春秋战国时期

2. 旅游服务礼仪是提供礼貌服务，提供礼节、礼仪行为的一种（　　）活动。

A. 社会交往　　B. 人际交往　　C. 沟通协调　　D. 社会稳定

3. 旅游服务礼仪的特点有（　　）和发展性。

A. 具体性　　B. 共同性　　C. 差异性　　D. 实用性

4. 旅游服务礼仪的原则有尊重他人、（　　）。

A. 遵时守信　　B. 适度

C. 自律　　D. 入乡随俗和灵活利用

5. 旅游服务礼仪有教育、沟通、（　　）等作用。

A. 协调　　B. 服务　　C. 维护　　D. 推动社会发展

### 二、判断题（对的打“√”，错的打“×”）

1. 旅游服务人员在工作中必须具备相应的技能，包括一般技能、专业技能和特殊技能三个方面。（　　）

2. 旅游服务人员要遵循“严谨、守信”的职业操守。（　　）

3. 我国著名的思想家颜元说：“国尚礼则国昌，家尚礼则家大，身尚礼则身修，心尚礼则心泰。”这体现了旅游服务礼仪推动社会发展的作用。（　　）

4. 礼节的形式有很多种，而且不同的国家或地区、不同的民族、不同时代的人们由于生活习惯不同，礼节存在不同的表现形式。（　　）

5. 遵守时间、恪守信用，是现代交往中最一般而又最重要的礼貌修养。（　　）

### 三、案例分析

#### 细节决定成败

某年春天，北京某旅行社的导游杨小姐接待了一个德国的旅游团。接待过程中，有的游客要求她帮助解决一些生活上遇到的小问题：一位客人说，他摄像机的电池需要充电，但中国的电源输出的电压与德国的不同，需要找一个转换器；另一个客人说，她的旅游鞋开口了，但穿惯了不愿买新的，希望能找个地方修鞋；还有一位客人行李箱的小锁坏了，希望能帮忙修好……杨小姐仔细听了他们的要求，表示回饭店后尽快帮他们解决。她回到饭店后，立即联系饭店的前台，为摄像机需要充电的客人借了一个电源转换器，又拿上客人需要维修的物品去修理……客人们非常高兴，纷纷向她表示感谢，夸奖她的服务周到、热情，给他们带来了方便。

思考：服务中的小事对提高旅游服务质量有什么意义？

### 四、综合实训

结合旅游业不同岗位的要求，运用礼貌语言，并与礼貌行动相结合，进行素质训练和沟通技巧训练，要求语言和行为相统一。

# 项目二

# 旅游服务人员的个人形象礼仪

## 学习目标

**知识目标：**

1. 掌握旅游服务人员仪容仪表的概念、意义及运用。
2. 掌握旅游服务人员仪态礼仪的基本要求、行为姿态礼仪知识的运用。
3. 掌握旅游礼仪语言、旅游服务用语的运用。

**能力目标：**

1. 熟练掌握旅游服务人员仪容、仪表的礼仪规范。
2. 熟练掌握旅游服务人员的行为姿态礼仪。
3. 熟练掌握旅游服务人员的常用服务用语。

**思政目标：**

1. 树立正确的三观。
2. 结合职业渗透品德先行。

## 案例导入

### 维护好个人形象

郑伟是一家大型国有企业的总经理，他获悉一家著名的德国企业的董事长正在本市进行访问，并有寻求合作伙伴的意向。于是他想尽办法，请有关部门为双方牵线搭桥。让郑总经理欣喜的是，对方也有兴趣同他的企业进行合作，而且希望尽快与他见面。到了双方会面的那一天，郑总经理对自己的形象刻意修饰了一番，他根据自己对时尚的理解，选择上穿夹克衫，下穿牛仔裤，头戴棒球帽，足蹬旅游鞋。无疑，他希望自己能给对方留下精明强干、时尚潮流的印象。然而事与愿违，郑总经理自我感觉良好的这一身时髦的“行头”，却偏偏坏了他的大事。

问题：郑总经理的错误在哪里？他的德国同行会对他如何评价？

根据惯例，在涉外交往中，每个人都必须时时刻刻注意维护自己的形象，特别要注意在正式场合中自己留给初次见面的外国友人的第一形象。郑总经理与德方同行的第一次见面属国际交往中的正式场合，应穿西服或中山装，以示对对方的尊敬。但他没有这样做，正如他的德方同行所认为的：此人着装随意，个人形象不合常规，给人的感觉是过于前卫，尚欠沉稳，与之合作之事当再作他议。

# 任务一 端庄的仪容仪表

## 任务分析

在旅游服务中，一个人的仪容仪表往往会引起交往对象的特别关注，并影响他人对自己的整体评价。服务实践证明，当顾客选择服务单位时，服务人员的个人仪容仪表会对其产生重要的心理影响。对于旅游服务人员来说，仪容仪表不仅反映的是个人的形象和精神面貌，还关系到旅游者对自己的印象，进而将直接影响到旅游者对旅游服务人员所在旅游企业的评价。

## 任务准备

### 一、仪容仪表的概念

#### （一）仪容与仪容美

仪容是个人仪表的重要组成部分，主要指人的容貌、外形，重点是人的容貌。仪容由发式、面容以及人体所有未被衣饰掩盖的肌肤等组成。在人际交往中，影响第一印象的重点就是仪容。仪容能反映出个人的精神面貌和对生活的态度。

作为一名旅游服务人员，真正意义上的仪容美，是仪容自然美、仪容修饰美、仪容内在美三个方面的内在统一，而仪容修饰美是仪容礼仪关注的重点。

#### （二）仪表与仪表美

仪表，即人的外表，包括人的容貌、姿态、服饰和个人卫生等方面，它是人的精神面貌的外在表现，是外界对其评价的重要组成部分。在人与人的交往过程中，视觉因素给人的整体印象所占比重达 55%，充分说明了仪表美的重要性。

旅游服务人员的衣着得体，符合礼仪规范，有助于树立好的服务形象，提高旅游服务的质量，给旅游者留下深刻的美好形象。对旅游服务人员来说，塑造仪表美不仅是个人形象的展现，也是满足旅游者审美的需求，更是为了赢得外界对旅游企业的良好评价，进而提升企业声誉。

### 二、旅游服务人员仪容礼仪

在旅游服务中，服务人员清新、端庄的仪容，会给人以亲和力，使旅游者产生愉悦感和信任感，并愿意接受服务。

旅游服务人员要塑造良好的形象，追求大方端庄、朝气蓬勃、成熟稳重的仪容美。

### （一）基本礼仪

1. 干净

仪容礼仪的首要原则就是干净，即身体不能散发出异味、面部不能有异物等。要保证仪容干净，应做到以下几点：勤洗脸、洗头发、洗澡、洗手和刷牙等。旅游服务人员要及时清洁面部，特别是出席一些比较正式的交际场合时。在提供服务的过程中要特别注意眼角、鼻孔、耳朵、口角等处，是否有细微的残留物，做到及时清理。面部要无泪痕、无汗渍、无灰尘等。头发应保持柔顺、干净，没有头屑、无异味、不粘连；身上无烟味、酒味、汗味等异味；手上无汗渍、无异物、无异味，指甲长度与指尖齐平，指甲缝内无污垢。

2. 修饰

仪容的修饰主要是对容貌的美化，包括头发、面部、肢体等部位。旅游服务人员在工作中装扮自己，不仅表示对他人的尊重，也展示了自己的风貌，体现了旅游企业的形象，还标志着一个国家或地区的社会文明程度。

### （二）头发修饰礼仪

美好的印象从“头”开始。头发是人身体的“制高点”，非常容易引起别人的注意。头发的修饰可以反映出一个人的身份、职业特征、知识层次、审美修养、生活习惯，旅游服务人员的发型修饰反映其自身的精神面貌、生活态度、工作态度，要符合旅游行业的职业特点以及旅游企业的具体规定。

1. 女性旅游服务人员发型要求

大部分女性喜欢留一头飘逸的长发，认为是女性魅力的象征。但旅游业对女性服务人员的发型有严格要求。头发一般披肩即可。饭店的服务人员要求长发必须束起或盘起来，然后用发网拢起来，防止工作时头发蓬松、掉落，给人不整洁之感。前额的刘海不能盖住眉毛、遮住脸，以免挡住视线。头发不可染艳丽的颜色，头发的颜色一般为棕、黑色，烫发应选择比较自然简单的造型。避免使用色彩鲜艳的发饰。

2. 男性旅游服务人员发型要求

男士不可剃光头，一般应是短发。现在有些男士也留长发，流行中性风格，但对服务人员来说不适合。男性服务人员发型要求是前不及额，侧不掩耳，后不触领，不留长发和大鬓角，也不要烫发。

旅游服务人员应随身携带一把小梳子，不管在哪种场合都应梳理好自己的头发，保持整洁美观。要注意的是，不能在客人面前梳理头发，不可随便挠头，不可乱扔掉发。

### （三）面部修饰礼仪

面部是一个人的“门面”，最动人的地方，也是仪容之首。面容的修饰是整个仪容修饰的中心。一般来讲，面部是指头的前部，上至额头、下到下巴。人的眼、耳、口、鼻等五官都在这一区域内。旅游服务人员的工作性质要求直接面对交往对象，所以要对自身的容貌更加重视，必须做好面部的修饰，这不仅体现了一个人的敬业精神，也是对别人的尊重。

1. 面部护理

皮肤是仪容的重要基质，尤其是面部皮肤的护理和保养，是旅游服务人员实现仪容美的首要前提。

不同类型的皮肤需要用不同的护理和保养方法。皮肤一般分为三种类型：干性皮肤、中性皮肤和油性皮肤。确定自己皮肤类型的办法简便易行：早晨起来洗脸前，以数块纸巾贴在额头、鼻侧、两颊等处，一分钟后，纸巾湿而油的为油性皮肤，毫无油分的为干性皮肤，中性皮肤取其中间。

除了外在的皮肤护理，皮肤的保健也很重要。精神愉快是最好的皮肤美容保健方法，充足的睡眠是美容保健不可缺少的条件，合理的饮食是皮肤美容保健的根本。此外还要养成多喝水的习惯。

2. 化妆修饰

化妆是修饰面容最好的方法，尤其是“窗口行业”的女性从业人员，更应要求化妆上岗、淡妆上岗，这也是对旅游服务人员的一项基本要求。

（1）化妆的原则。

1）美化原则。

化妆的目的就是使人更加美丽，所以化妆要根据自己的面容特征、性格特点来确定化妆的风格，给人一种美的享受。

2）自然原则。

化妆的最高境界就是“妆成却有无”，自然是化妆的“生命”，使妆后的脸不至于呆板生硬，而是看起来真实、生动。自然的化妆往往依赖正确的化妆技巧、合适的化妆品，讲究适度、体现层次，浓淡相宜、点面到位，还要一丝不苟、井井有条。

3）协调原则。

高水平的化妆还应该注意化妆后的整体效果，即达到协调。协调性表现在：妆面协调、全身协调、场合协调。妆面协调，就是指化妆部位色彩的搭配协调、浓淡协调，针对脸部的特点，整体设计协调。全身协调，是指化妆要与自身的发型、服饰等相适合，达到整体协调效果。如穿红色衣服时，口红可以采用红色等。场合协调，是指化妆要与计划参与的场合的气氛保持一致。比如，去上班可以化淡妆，去参加舞会可以化亮丽一些的浓妆等。

4）科学原则。

化妆要了解各种化妆品的性质和特点，根据自身肤质，合理、科学地选择化妆品，而且随着环境、季节的变化，肤质也会改变，要及时更换不同的化妆品。

（2）化妆的类型。

由于所处环境不同、角色不同，为了达到不同的效果，需要选择不同的化妆类型。一般化妆类型主要分为生活化妆和艺术化妆两种，如表 2－1 所示。

表 2-1 化妆的类型

<table>
<tr><td rowspan="6">生活化妆</td><td rowspan="3">淡妆</td><td>工作妆</td></tr>
<tr><td>主妇妆</td></tr>
<tr><td>旅游妆</td></tr>
<tr><td rowspan="3">浓妆</td><td>晚宴妆</td></tr>
<tr><td>舞会妆</td></tr>
<tr><td>新潮妆</td></tr>
<tr><td>艺术化妆</td><td colspan="2">影视化妆、舞台化妆、摄影化妆、梦幻化妆</td></tr>
</table>

淡妆是日常生活中为了保养皮肤、增添秀色而采用的较为普遍的化妆手法。淡妆要求自然、纯朴、和谐，只对面部进行一些轻微的修饰。淡妆既要求看不出化妆的痕迹，同时还要达到美化的效果。

对于旅游服务人员来说，化妆追求的是清丽洒脱，适宜淡妆轻描，与色彩相适宜，浓淡适中。

3. 化妆的一般程序和技巧

只有学会正确的化妆方法，才能使自己的妆容达到预期的效果。通常情况下，化妆的程序主要有以下几个步骤：

（1）准备阶段。

1）洁面。

化妆前必须彻底清洁面部皮肤，尤其是油脂分泌较多的鼻翼两侧及额头等部位。洁面一定要选择适合自己皮肤的清洁类化妆品。

2）束发。

束发是防止化妆的时候化妆品弄脏头发和衣服，使脸部轮廓完全显现出来，便于进行有针对性的化妆。

3）修眉。

修眉就是用眉钳修整眉形和拔除多余的眉毛。修眉要根据自身眉形的特点进行。

4）涂化妆水。

涂化妆水是为了调整皮肤表面的水润度，增强皮肤弹性。操作方法：使用营养性化妆水，结合手指按摩，使化妆水均匀地渗入皮肤。

5）护肤。

护肤的目的是滋润皮肤，隔离化妆品，防止化妆品与皮肤直接接触，起到保护皮肤的作用。

（2）化妆阶段。

1）施粉。

施粉的目的是调整面部肤色，使其柔和美化。粉型的粉底适合油性皮肤和需要快速上妆者使用；膏型的粉底遮盖力比较强，可以掩盖瑕疵、改变肤色，适合浓妆时使用；液体的粉底适合干性、中性皮肤和每天化淡妆者使用。化妆海绵一定要选择质地细密、化妆专用的。施粉时应该注意粉底与皮肤的颜色反差不宜太大。切记要在脖颈部位施粉底，以免造成面部和颈部“泾渭分明”。

2）画眉毛。

画眉是为了突出改善个人眉形，以烘托容貌。操作方法：从眉端开始，经眉峰（眉毛的 2/3 处）一直画到眉尾为止，不能来回乱涂。女性的眉形切忌过宽。画眉讲究着笔力度均匀，如画得太重，可用眉刷刷一下，尽量使画过的眉毛看上去自然。

3）画眼线、施眼影。

画眼线的目的是使眼睛生动有神。施眼影可以强化面部立体感，使双眼明亮传神。从视觉审美来看，眼部的化妆效果是决定整个面部化妆成败的关键。

4）涂腮红。

涂腮红是为了使面颊更加红润，轮廓更加优美，显示健康活力。涂腮红是比较讲究的，涂的范围高不过眉，低不过嘴角，里不过鼻翼两侧。涂腮红切忌着色太浓，应与唇膏或者眼影的色彩相协调。要特别注意腮红与面部肤色的过渡自然。

5）涂口红。

涂口红是面部化妆的最后一道工序，可改变不理想的唇形，改善面色，使唇部更加娇媚。职业女性一般不适合选择颜色太过鲜艳的口红，要注意唇边与唇内的颜色要略有区别，唇边可以涂深一些，唇内则适当浅一些。为了使口红沾在唇上更牢固，防止口红晕染到唇外，可以涂一层口红后用纸巾沾一下口红，扑点无色粉饼，然后再涂一层口红，再用纸巾沾一下。

（3）化妆的注意事项。

一般情况下，女士对化妆都比较重视。在日常生活中，化妆除了按照一定的流程进行之外，还有一些需要注意的地方。

1）忌浓妆艳抹。

旅游服务人员在工作岗位上应当化淡妆，注意自己的角色。如果妆化得过于浓艳，会使人觉得过分招摇和粗俗，缺乏职业素养。

2）不宜当众化妆或岗上化妆。

在公众场合化妆是不符合礼仪的行为。化妆应该选在没有人的地方，或者在专门的化妆间、卫生间等地方。

职业女性的工作妆应该在上岗之前完成，不能在上岗期间化妆。尤其对旅游服务人员来说，上岗期间化妆是不尊重旅游者的做法，容易引起别人的反感。

3）不议论他人的妆容。

旅游服务人员每天面对的宾客来自各地，他们有着不同的民族、肤色、文化传统和审美情趣，妆容也会不同，不要对宾客的妆容品头论足。

4）不宜以残妆露面。

外出就餐或者中午休息的时候，脸上的妆容会出现残缺，要及时补妆。补妆的时候不可当着众人的面进行，要在化妆间或者卫生间等私密的地方。

## 三、旅游服务人员仪表礼仪

旅游活动是为满足旅游者精神需求而进行的高层次的审美活动，旅游服务应为其提供审美享受。仪表美是旅游服务质量优劣评价的重要因素，其基本要求是：容貌端正，举止文雅，服饰整洁，打扮得体，彬彬有礼。

### （一）基本礼仪

1. 讲究个人卫生，树立整洁清爽的形象

个人卫生是服务人员形象的组成部分，干净、清爽的形象给人一种积极向上、精神饱满的感觉，反映服务人员健康乐观的面貌，它会感染每一位宾客，让他们感到轻松、愉悦。例如，旅游服务人员与宾客沟通最重要、使用最频繁的方式是口头语言，所以应保持口腔清洁、口气清新，让宾客愿意与其交流。

旅游服务人员要勤换衣袜，保持衣裤无污垢、油渍、异味，特别是领口、袖口、上衣前襟要干净，衣、裤、裙等没有褶皱和破漏，衣、裤不起皱，穿前要烫平，穿后要挂好，做到上衣平整、裤线笔挺。

2. 自然、端庄、大方

仪表美是一种整体的美，强调和谐统一。旅游服务人员仪表的和谐美会给人一种自然清新、端庄大方的感觉，拉近与宾客间的距离，达到事半功倍的服务效果。而仪表时尚新奇、雍容华丽，则会让宾客感到自己不是来享受服务的，产生反感情绪，可能导致消费行为的终止。

### （二）服饰礼仪

服饰礼仪是仪表中最重要的。“三分天注定，七分靠打扮”“佛要金装，人要衣装”，这些都说明了服饰外表的重要作用。同时，服装被称为人的“第二肌肤”，说明服饰与我们日常生活的密切关系。服饰是一个人整体形象塑造的重要因素。

旅游服务人员的服饰美是仪表美的重要组成部分。旅游服务人员的服饰是服务人员的职业标志，应反映出旅游服务行业的特色，而不是突显个性、标新立异。服饰是否得体直接影响着服务的质量。在服务中，要想客人接受你的服务，首先要着装整洁得体，让客人看得舒服，愿意与你互动，从而使服务有个好的开端。

1. 服装礼仪的原则

着装端庄典雅、大方得体，会由人的感官传递给人们一种美感。着装的改变，能够给人以不一样的感觉，弥补人体比例的不匀称，对人的仪表礼仪起到修饰作用。着装时应遵循以下几个原则：

（1）文明性原则。

在日常人际交往过程中，人们的服装应符合社会的常规做法和传统道德标准，做到文明着装，特别是在比较正式的场合。

1）不能穿过于暴露的衣服，在特别正式的场合中，脚趾和脚跟是不允许外露的。

2）应尽量避免色彩过于艳丽、图案复杂古怪的服装。

3）不能穿过于透薄的衣服，外衣不能透露出内衣、内裤等，不能出现“透视”的现象。

4）不能穿过于紧身、短小的衣服，比如穿小背心、超短裙等，可能会“走光”，失敬于人，而且也给自己的行动带来诸多不便。

（2）配色原则。

不同的颜色代表着不同的意义，穿在不同人的身上也会产生不同的效果，所以服装要讲究配色。

对服装进行配色时，可遵循以下几种方法：

1）统一法。就是选择同一色系中明暗不同的颜色进行搭配，如深蓝色的西服配浅蓝色的衬衫。这种配色适合相对正式的庄重的社交场合或者工作场合。

2）对比法。就是选择冷暖、明暗等相反的色彩进行搭配，例如黑色和白色搭配。这种搭配能够突出个性，适合各种场合。

3）呼应法。即在某些相关的地方采用相同的颜色，形成呼应。例如男士穿西装的时候，鞋子和包的颜色往往保持一致。

一般来说，黑色、白色和灰色在配色中是百搭的色彩，它们可以很容易地和其他任何一种颜色搭配，都能取得良好的效果。理想的配色建议概括如下：绿色—黄色；粉红色—浅蓝色；深蓝色—红色；橄榄绿—红色；深蓝色—灰色；橄榄绿—骆驼灰色；黑色—浅绿色；黄褐色—白色。

（3）TPO 原则。

TPO 是 time（时间）、place（地点）、occasion（场合）三个单词的缩写，是指人们在穿着打扮时，不仅要与自身的个性、风格、年龄等相结合，还要兼顾时间、地点以及场合，达到协调一致，这是服装礼仪的基本原则。

T——时间原则，即服装的选择要考虑时间的变化，与时间相适应。时间，一方面指早、中、晚三个时间段；另一方面指春、夏、秋、冬四个季度，也指时代的变迁。例如，白天不能穿晚礼服，夜晚不能穿晨礼服；在炎热的夏季，应该穿着颜色较浅、面料薄一点的衣物，给人清爽舒适的感觉等。

P——地点原则，即服装的选择要考虑到地点的不同，与地点相适应。这里的地点主要包括不同国家、不同地区所处的地理位置、自然条件以及生活习惯等。比如，超短裙、小背心等在欧美国家是比较受年轻女性欢迎的，但是在阿拉伯国家就是不适宜的；在海边、浴场，人们穿泳装是很常见的，但如果出现在大街上，则显得不伦不类。

O——场合原则，即服装的选择要考虑到场合的不同，与场合、目的相适应，要根据交往的对象、特定活动的性质和规模不同等着装。上班场合着装要庄重、高雅、大方；社交场合着装要时尚；休闲场合着装要自然舒适；出席喜庆的婚宴场合，着装的颜色以喜庆、艳丽为主；出席葬礼等场合，着装的颜色以朴素、庄重为主。

2. 女性旅游服务人员的服饰规范

由于年龄、职业、身材、审美观等的不同，女性的服装千变万化。西装套裙，既不失女性本色，也能给人以庄重大方之感。在公众场合或者上班场合，职业女性穿着西装套裙都很合适。在女装众多款式中，西装套裙已经成为最恰当的职业女装。作为旅游服务人员，着装最基本的要求就是干净、大方、整洁、挺括。女性旅游服务人员在穿着西装套裙时，应注意以下几个主要问题：

（1）西装套裙的大小、长短要适度。一般说来，西装套裙中的上衣最短可以齐腰，裙子最长可以到小腿中部，且上衣或者裙子都要大小合身，不可以过于宽松或者紧身。

（2）西装套裙要穿着到位。注意上衣的领子要完全翻好，口袋的盖子要摆放整齐，裙子要端端正正，上下对齐的地方要确保对齐。在正式场合，上衣的衣扣要全部系上，不能当着别人的面将上衣脱掉等。

（3）西装套裙要适当地考虑场合。在涉外商务活动中，务必穿西装套裙。一般来说，外出旅游、购物逛街时，着运动、休闲等服饰为宜，出席宴会、舞会等活动时，应选择与场合相适应的礼服或者时装，不应穿着西装套裙，会显得和场合格格不入。

（4）西装套裙要与配饰、化妆相统一、相辅相成，这是在正式场合尤其要注意的。

（5）穿着西装套裙时要注意举止。旅游服务人员在工作时穿着西装套裙，站立要端正，不可以随性地倚靠墙壁或者东倒西歪地站立。务必注意坐姿，不可以两腿叉开或者跷着二郎腿，更不可以当众脱鞋等。走路时要以小碎步疾行，不能大步流星。

3. 男性旅游服务人员的服饰规范

西装作为职业服装，是目前世界上出席正式活动最流行的服装，也是男性旅游服务人员日常工作的最佳着装选择。穿着西装的男士会给人一种彬彬有礼、潇洒大方的深刻印象。

男士穿着西装时，应该注意以下几点：

（1）选择合适的面料、色彩、图案。不应选比较容易起皱的面料。男士在商务交往中所穿的西装，首推藏蓝色。西装一般无图案较好，显得比较成熟、稳重。

（2）搭配合适的衬衣。西装一定要搭配相应的衬衣，颜色要与西装的颜色搭配和谐，而且不能够是同一种颜色。通常情况下，白色的衬衣搭配深色的西服。白色、浅蓝色、中灰色、浅褐色等单色一般为衬衣的首选颜色。衬衣的领子不能有污垢，要挺括，应高出西装领子 1 厘米左右；衬衣的衣袖要稍长于西装的衣袖 1～2 厘米；衬衣的下摆要塞在裤子里；衬衣的袖扣和领扣要完全系好。

（3）搭配合适的领带。领带是西装的灵魂，在正式的社交场合，穿西装必须打领带。蓝色、灰色、紫红色、黑色、棕色等颜色的领带，一般是比较理想的选择。职业男士要注意，在正式场合中不能佩戴含有三种以上颜色的领带，领带的颜色要与西装的颜色同色系或者有同色系的成分，这样显得比较得体、庄重。领带的花纹有很多，而且不同的花纹代表不同的意义，因此在不同的社交场合应该搭配不同图案的领带。比如，圆点代表关怀，方格代表热情，小碎花代表体贴，斜条纹代表行事果断等。领带的领结要饱满，与衬衫的领口吻合要紧凑，且长度以系好后下端正好触及皮带扣上端处为标准。领带的位置应在西装和衬衣之间，领带夹的位置以扣好西装外衣后不露出来为准。

（4）搭配合适的鞋袜。西服一定要搭配合适的皮鞋和袜子，裤子要盖住鞋面，不能穿运动鞋、布鞋或者露脚趾的鞋子，也不能穿白色的或者色彩鲜艳的袜子。袜子的颜色要选择深色系的，一般与裤子同色系为最佳。鞋子要经常擦，袜子要经常清洗。庄重的西装，要求搭配黑色的皮鞋，且皮质要好、造型简洁大方、做工精良。

（5）穿着西装的禁忌：

1）忌留有商标。购买回来的西装一定要记得拆除衣袖上的商标等其他标志。

2）忌西装不合身。衬衫领子太大，领脖间存在空隙；西装上衣袖子过长；西裤短，走路时露出袜子，都是不合适的。

3）忌领带打法错误。领带打好后不能太长到腰际，也不能太短在胸前。

4）忌卷挽。不能把衣袖、裤边卷起，否则就显得失礼。

5）忌西装的上衣、裤子口袋鼓鼓囊囊。

6）忌西装搭配不协调、总体色彩超过三种。

### （三）饰品礼仪

饰品是指能够起到装饰点缀作用的物件，是人们在着装的同时选用佩戴的装饰性的物品。饰品与服装、化妆一起成为人们装饰、美化自身的三大方法。饰品的佩戴能起到画龙点睛的作用。饰品主要包括服装配饰和首饰两大类，比如帽子、手套和戒指、项链、眼镜等。

1. 饰品礼仪的原则

（1）数量原则。

旅游服务人员佩戴饰品的数量要少，品种要少。旅游服务人员穿着制服时，只能佩戴手表、一枚戒指或一条普通材质且较细的项链，不宜佩戴带有明显装饰性的戒指、项链、手镯、手链、脚链等。

（2）色彩原则。

色彩原则要求佩戴的饰品力求同色。如果佩戴两件或者超过两件的饰品，则其颜色或者镶嵌的主色调必须保持一致。不能同时佩戴几种颜色的饰品，会给人一种“远看像圣诞树，近看像杂货铺”的感觉。

（3）身份原则。

要选择与自己年龄、性别、职业以及工作环境相适合的饰品，要符合自身的身份、地位。旅游服务人员的工作性质是为宾客提供服务，一切要以宾客为中心，要把最美和高贵留给宾客，满足其求尊重的心理，而不能突显服务人员的外在魅力，甚至在宾客面前炫耀，让宾客产生不平衡心理，这是对宾客的不尊重。

（4）协调原则。

饰品作为服装的一部分，应该与自身所穿服装的色彩、款式以及每个人不同的体型相协调，使它们在搭配、风格上相统一。旅游服务人员在工作场合一般要求穿正装，正装一般较端庄、庄重、职业感强，选择合适的饰品既符合所处的环境又可点缀服饰，增添美感。所以，旅游服务人员在选择和佩戴饰品时，要注意符合服务工作的性质，饰品应大方得体、少而简洁，不要过分炫耀、夸张、华贵和刻意堆砌。

（5）习俗原则。

由于不同的国家、地区以及民族的风俗习惯不同，佩戴首饰的习俗也不同。饰品佩戴的习俗原则就是要尊重不同的习俗，提前了解并尊重当地人饰品佩戴的习俗。

2. 饰品佩戴的礼仪规范

（1）戒指。

戒指通常戴在左手上。一只手不要佩戴两个以上的戒指。应该选择和自己手型相配的戒指。参加涉外活动时，以佩戴传统式样的戒指为宜。另外，还要掌握戒指的语言，不同的佩戴方式代表着不同的意义。一般大拇指不佩戴戒指，其余四指佩戴戒指代表的意义是不同的：如戴在食指上表示单身或者求爱的意思；戴在中指上表示正处于热恋的状态或者已有意中人；戴在无名指上表示已结婚或者已订婚；戴在小指上表示是单身或者独身主义者。旅游服务人员应该注意戒指所传达的这种特定信息，一方面不至于在旅游者面前“失手”，另一方面可以避免造成尴尬的情况。

（2）项链。

项链是大多数女性喜欢的饰品之一。佩戴项链时要与自身的年龄、体型相协调。旅游服务人员应佩戴简洁大方的项链。

（3）耳饰。

耳饰主要有耳环、耳钉、耳坠等款式，讲究成对佩戴，即每只耳朵佩戴一只，在正式场合不宜多戴。旅游服务人员佩戴的耳饰形状要简洁、大方，不可佩戴过大或形状怪异、颜色耀眼的耳饰。

（4）手链和手镯。

旅游服务人员应选择形状简洁大方的手镯、手链。男性一般不戴手镯、手链。手镯不可以和手表同时戴在一只手上。在一些国家，佩戴手镯也代表某些特殊的意义。比如，戴在左手或者双手上表示已经结婚；戴在右手上表示独身等。

（5）胸针。

胸针是别在胸前的饰品，多为女性使用。选择胸针的时候，要充分考虑服装的衣料、款式、色彩。如穿白色的衣服，胸针应选天蓝色和翠绿色；穿红色的衣服，胸针应选白色或者黄色。佩戴胸针的位置也要注意，穿西装的时候，胸针应该别在西装左侧的领子上；穿无领子的衣服时，胸针应该别在左侧胸前第一个扣子和第二个扣子之间。在正式的交际场合，女士最好不要佩戴胸针。

## 任务实施

### 美容化妆技巧训练

只有学会正确的化妆方法，才能使自己的妆容达到预期的效果。熟悉面部化妆的基本步骤和要领，能熟练地化出淡雅自然的旅游职业妆，达到旅游服务人员仪容修饰的良好效果。

1. 分小组讨论化旅游职业淡妆的步骤

2. 各个小组成员熟悉化旅游职业淡妆的步骤和要领

（1）洁面。

操作：将洗面奶涂于整个脸部，稍做按摩，用清水洗净，最后用毛巾按干。

（2）涂化妆水。

操作：用化妆水涂面，结合手指按摩，使化妆水均匀地渗入皮肤。

（3）护肤。

操作：将护肤品均匀地涂抹面部。

（4）施粉。

操作：选择适合自己的粉底；用化妆海绵将粉底在脸上拍打均匀，从鼻子向外在脸上薄薄涂上一层，同时脖子上也涂一点，使之与面部肤色协调。

（5）化眉毛。

操作：从眉端开始，经眉峰（眉毛的 2/3）一直化到眉尾为止，不能来回乱涂。

（6）画眼线、施眼影。

操作：眼线要画在睫毛根部，上眼线从内眼角向外眼角画，下眼线从外眼角向内眼角画。施眼影时，先由眼角开始，轻轻涂上较浅色的眼影粉，约占眼长的 1/3，再用较深色的眼影粉涂剩余的2/3，最后用眼线笔再次勾画眼线。

（7）涂腮红。

操作：从脸颊颧骨处开始，以微笑时面部形成的最高点为中心，用刷子轻蘸腮红，一点点地淡涂。

（8）涂口红。

操作：用唇线笔画好唇形；选择颜色适宜的口红涂抹；用纸巾沾去多余的口红。

3. 分小组进行化妆操练

两个人一组互相给对方化妆，互相评价，找出对方化妆的优缺点。

4. 学生自行化妆，相互交流

### 发型修饰训练

1. 不同脸型适合的发型

（1）分小组讨论不同脸型适合的发型。

（2）各个小组总结出适合不同脸型的发型：

1）圆脸：应尽量拉长两侧鬓角。

2）方脸：侧重以圆破方，用发型来增长脸型。

3）瓜子脸：额角覆盖一些头发，可以在耳朵后面散下。

4）长脸：应增加两侧发量，适当地用刘海遮住前额。

5）梨形脸：适合短发，头发尽量梳高一些，并覆盖前额和太阳穴。

2. 不同体型适合的发型

（1）分小组讨论不同体型适合的发型。

（2）各个小组总结出不同体型适合的发型：

1）矮小体型：适合秀气、精致的发型，如短发和盘发。

2）矮胖体型：适合干练的发型。

3）高瘦体型：适合留长发、直发。

4）高大体型：一般以直发或者大破浪卷发为好。

3. 小组梳理发型实操练习

学生分组，相互帮助梳理发型，并为对方设计出最合适的发型。然后学生相互交流，找出各自发型的优缺点。

## 任务二 优雅的行为姿态

### 任务分析

中华民族的礼仪要求人们“站有站相，坐有坐相”。相貌的美高于色泽的美，而秀雅合适的动作的美又高于相貌的美，这就是美的精髓。这说明了优雅的行为姿态在人际交往中的重要意义。

旅游服务人员是一个国家对外宣扬民族文化的“窗口”，因此，对旅游服务人员的礼仪要求更加严格，“站、坐、行”等各种行为姿态、各类行为举止都有着严格的礼仪规范。

## 任务准备

## 一、仪态的概念及内涵

### （一）仪态的基本概念

仪态是人的举止行为的统称，是人的内在气质的外在表现，也是现代人的职业文明的标志。仪态主要是指人们在社会交往行为活动中的姿态、表情、风度等，即人的身体呈现出的样子，包括站、走、坐、蹲，以及表情、手势等日常行为。优雅的行为姿态比语言更真实、更有魅力，也更能够给人留下深刻的印象。因此，无论是在工作岗位上，还是在日常社会交往活动中，我们都应该注意仪态美，保持优雅的行为姿态。

### （二）仪态的内涵

1. 仪态是一种“无声的语言”，具有表达的功能

在日常的交往过程中，人们在通过语言方式传递信息的同时，也经常会配合着面部表情、手势、姿态等动作传递信息。对于信息接收者来说，不仅仅“听其言”，也在“观其行”。人际交往中，身体的每一种仪态变化通常都能够表现出许多内在的信息。

2. 仪态可以展现出个人的内在素质，具有真实性的特点

人的内在气质包括许多方面，如道德品质、学识修养、社会阅历、专业素质、个人才干、情趣爱好、技能专长等。在社会交往中，仪态还是一张无形的“名片”，人们通过你的一举一动、一颦一笑，就能准确判断出你的身份、地位、学识以及能力，并以此作为标准，决定跟你交往的深度及对你信任的程度。

3. 仪态具有习惯性的特点

一个人由于受地域、文化、生活环境以及成长和交往过程的影响，会形成特有的习惯性仪态。因此，旅游服务人员应该通过训练形成良好的习惯姿态、动作、表情等，用规范的仪态来展示自己的职业风采。

对旅游服务人员来说，要想具备良好的仪态，必须仰赖于内在气质的提高、道德品质的修养、专业素质的加强以及严格的训练，用良好的仪态这种“无声的语言”向客人展示自身的综合素质。

## 二、旅游服务人员仪态礼仪的基本要求

“坐如钟，站如松，行如风”，这是古人的仪态礼仪规范。在旅游服务活动中，对仪态的要求归纳起来就是：站有站功，挺直如松；走有走姿，从容稳直；坐有坐相，文雅端

正；举止端庄，落落大方。

### （一）站姿

站姿是旅游服务人员首先应掌握的仪态动作，对于旅游服务人员来说，客人走进服务区域，首先看到的是服务人员站立迎接，准备提供服务。旅游服务人员的站姿，可以给客人留下对该服务单位的第一印象，正确的站姿和过硬的站功是旅游服务人员必备的专业素质之一。

1. 标准站姿的要求

站立是人们生活交往中的一种最基本的举止。男士要求“站如松”，刚毅洒脱；女士则要求秀雅优美，亭亭玉立。从一个人的站姿，可以看出其精神状态、品质和修养以及健康状况。

标准站姿的要求是挺拔、均衡、灵活，具体内容如下：

1）头正，双目平视，嘴角微闭，下颌微收，面容平和自然；

2）双肩放松，稍微下沉，人有向上的感觉；

3）躯干挺直，挺胸，收腹，立腰；

4）双臂自然下垂于身体两侧，中指贴拢裤缝，两手自然放松；

5）双腿立直、并拢，脚跟相靠，两脚尖分开约 60 度，身体重心落于两脚正中；

6）从侧面看，头部、肩膀、上体与下肢应在一条垂直线上。

2. 手位

站立时，要以正确的手位去配合站姿。如果手位不当，就会破坏站姿的整体效果。

3. 脚位

在正常情况下，“V”字步、小“丁”字步、“Ⅱ”形步（双脚平行分开不超过肩宽）在站立时都可以适当采用。

4. 旅游服务人员常见的站姿

（1）女士的站姿。

女士站立时，双脚要形成“V”字形，膝和脚后跟尽量靠拢；或一只脚略在前，另一只脚略在后，前脚的脚后跟稍稍向后脚的脚背靠拢，后腿的膝盖向前腿靠拢，两脚形成“丁”字形。上半身一定要保持挺直，下巴往内收，肩膀要平，收腹，臀部不能翘起。双手在腹前交叉，即右手搭在左手上，置于腹部，从正面看不见双手的大拇指。

（2）男士的站姿。

男士的站姿关键要看三个部位：一是髋部向上提，全脚掌着地；二是腹肌、臀肌收缩上提，前后形成夹力；三是头顶上悬，肩向下沉。男士站立时，双脚与肩膀同宽，身体不能东倒西歪；如站立累时，一脚可以向后撤半步，但是上体仍然需要保持正直，不可以把脚向后面伸太多导致双腿叉开很大。双手在腹部或身后交叉相握，即右手搭在左手上。

5. 站姿的调整

根据所在服务岗位的不同，旅游服务人员在标准站姿的基础上，也可以做灵活的调整。需要指出的是，在较为正规的场合，或是接待重要客人时，不论在何种位置，都应该采用标准站姿。

（1）接待服务的站姿。

采用这种站姿时，头部与上身可以微微侧向自己的服务对象，手臂可以持物，也可以自然下垂。特点是站立之时，身前没有障碍物，全身都在客人的视线中。

（2）柜台待客的站姿。

只要保持上身正直，重心可以在双腿间轮换做稍息状，双手可以扶在身前的柜台之上。特点是身前有障碍物遮挡，因此对双脚的要求不太严格。

（3）恭候客人的站姿。

当客人来到面前时，仍然应该采取标准站姿。特点是客人未到时，可以适当放松，双脚可以适度叉开，身体重心可在双腿间轮换，但不要过于频繁，以免给人以浮躁不安和极不耐烦的印象。

6. 旅游服务人员站姿的禁忌

好的站姿，不会让身体的某些特定的关节承担大部分的重量，可以让身体各个关节均匀受力。但错误的站姿往往会影响体内的血液循环，也可能压迫内脏，对身体健康和形体美观都会产生不好的影响。

（1）弯腰驼背。

弯腰驼背主要表现为腰部弯曲、背部弓起、颈部弯缩、胸部凹陷、腹部凸出等不良体态，显得一个人缺乏锻炼、没有精神，甚至健康状况不佳。

（2）手位不当。

手位不当，很容易破坏站姿的整体效果。主要表现在双手抱在脑后、用手托着下巴、双手抱在胸前、把肘部支在某处、双手叉腰、将手插在衣服或者裤子口袋里等方面。

（3）脚位不当。

脚位不当主要表现在“人”字步（内“八”字步）和“蹬踩式”。“蹬踩式”指的是在一只脚站在地上的同时，把另一只脚踩在鞋帮或其他物体上，不仅样子难看，而且还显得过分随便。

（4）身体歪斜。

站立时切忌身体歪斜。身体歪斜表现在头偏、肩膀斜、腿弯曲、身子歪、膝盖不直等方面。

### （二）坐姿

“坐如钟”，即在各种场合应该坐姿文雅、端庄、稳重，这是对坐姿最基本的要求。坐姿文雅、端庄，不仅给人一种沉着、稳重、冷静的感觉，而且还可以展示自己的内在气质和修养。

入座时动作要协调柔和，做到轻、缓、稳。一般应该从椅子左边入座、起身，不能坐在椅子上移动位置，这是基本礼仪。

1. 标准坐姿的要求

（1）入座时要轻、稳，不可让椅子发出声响。不要赶步，以免“抢座”。

（2）入座后上身自然挺直，挺胸，双膝自然并拢，双腿、双臂自然弯曲，双肩平整放松，双手自然放在双腿上或者椅子扶手上，掌心向下。

（3）双目平视，嘴唇微闭，面带微笑。

（4）坐椅子时，一般只坐满椅子的 2/3，脊背轻靠椅背。男士可以坐满。

（5）起立离座时，左脚先向后收半步，然后站起，要自然、稳当。

2. 手位

就座的时候，双手可以采用以下几种方法放置：

(1) 双手平放在双膝上；

(2) 双手叠放，放在一条腿的中前部；

(3) 一手放在扶手上，另一手仍放在腿上或双手叠放在侧身一侧的扶手上，掌心向下。

3. 脚位

就座的时候，双脚放置应注意以下几方面：

(1) 女士切忌两膝盖分开，双脚呈外“八”字形，或者两脚尖朝内，脚跟朝外，呈内“八”字形；

(2) 当采用重叠式坐姿时，悬空的脚尖要朝下，切忌脚尖朝上，更不可上下抖动。

4. 旅游服务人员常见的坐姿

(1) 女士常见坐姿。

女士就座时，双腿并拢，以斜放一侧为宜，双脚可稍微有前后之差。这样人正面看起来双脚连成一线，可以达到延长腿的长度的效果，也显得比较娴雅。女士分腿而坐显得不雅观，也尽量不要腿部呈倒“V”字形状。女士如果穿裙装，入座时应有抚裙的动作。一般情况下，在正式的场合，女士坐姿要求双腿并拢无空隙，双腿、双臂自然弯曲，双脚平落地面，不建议前伸。在日常交往的场合，要求大腿并拢，小腿可以交叉，但是不可以向前伸直。

1) 标准式坐姿：双肩平正，上身挺直，双臂自然弯曲，双手叠放在双腿的中部并靠拢小腹，双膝自然并拢，小腿垂直于地面，脚尖朝向正前方。着裙装的女士还应将裙摆内拢，避免因裙子折叠导致腿部暴露太多。

2) 侧点式坐姿：两小腿向左斜出，右脚跟靠拢左脚内侧，右脚掌、左脚尖着地，身体左倾，大腿与小腿要成 90 度。

3) 前交叉式坐姿：在标准式的基础上，右脚后收，与左脚交叉，两踝关节重叠，两脚尖着地。

4) 后点式坐姿：两小腿后屈，脚尖着地，双膝并拢。

5) 曲直式坐姿：右脚前伸，左小腿屈回，大腿靠紧，两脚的前脚掌着地，并保持在一条直线上。

6) 侧挂式坐姿：在侧点式的基础上，左小腿后屈，脚绷直，脚掌内侧着地，右脚提起，用右脚脚面贴住左脚脚踝，膝盖和小腿并拢，上身右转。

7) 重叠式坐姿：即“二郎腿”，在标准式的基础上，一条腿提起，腿窝落在另一条腿的膝关节上面。要注意上面的腿向里面收，贴住另一条腿，脚尖向下。

(2) 男士常见坐姿。

男士就座时，双脚平踏在地上，双膝可以稍微分开，双手可分别置于左右两个膝盖上。一般正式的场合中，男士的坐姿要求是：双腿之间留有一拳的距离；在日常生活中，男士可以跷“二郎腿”，但是要注意不要跷得过高，也不可以抖动。

1) 标准式坐姿：双肩平正，上身挺直，双臂自然弯曲，双手放在双腿或扶手上，双膝自然并拢，小腿垂直于地面，两脚自然分开成 45 度。

2）前伸式坐姿：在标准式的基础上，两小腿前伸出一只脚的长度，左脚向前半脚，脚尖不要翘起。

3）前交叉式坐姿：在标准式的基础上，小腿前伸，两脚踝部位交叉。

4）交叉后点式坐姿：在标准式的基础上，小腿后伸，两脚踝部位交叉。

5）曲直式坐姿：右脚前伸，左小腿屈回，大腿靠紧，两脚的前脚掌着地，并保持在一条直线上。

6）重叠式坐姿：右腿叠在左膝的上面，右小腿内收，贴近左腿，脚尖下点。

5. 旅游服务人员坐姿的禁忌

在正式的场合就座时，一定要保持良好的坐姿。不雅的坐姿会给人一种轻浮、缺乏教养的不好印象，也是严重失礼的表现。比如，接待客人的时候，跷着“二郎腿”，不可一世的样子，或者懒洋洋地靠在沙发上，双手交叉于胸前，这些都会给别人留下非常不好的印象。

常见的不雅坐姿主要有：

（1）双腿过于分开或者伸直。就座后把腿直挺挺地伸向前方，或者面对别人时，双腿过分叉开，都是极其不文明的举动。

（2）腿部不断抖动、摇晃。在别人面前抖动或者摇晃自己的腿，都会给人一种不安稳的感觉，还会让旁边人的心烦意乱。

（3）腿部随意架起。为了贪图舒服，就座后随意地架起腿部，把一条腿架在另一只腿上，中间留有很大的空隙；或者将腿部蹬、踩在身边的桌椅上，或者随意盘在自己所坐的座椅上，这些都是不妥的表现。

（4）脚跟触及地面或者脚尖指向他人。就座后，仅仅以脚跟接触地面，脚尖翘起，或者脚尖直直地指向别人，这些都是不可取的。

### （三）蹲姿

蹲姿是常用的仪态之一，比如捡地上的物品或者伸手拿低处的物品时，一般都可以用到蹲姿。

1. 标准蹲姿的要求

（1）上体尽量保持正直；

（2）双腿一起支撑身体，靠紧向下蹲；

（3）女士一定要注意将两腿靠紧，臀部向下。

2. 旅游服务人员的蹲姿

旅游服务人员的蹲姿规范：一脚在前、另一脚在后，两腿靠紧向下蹲，前脚着地，后脚跟提起、脚掌着地，臀部向下。

蹲下时要注意：不要突然下蹲，不要离人太近，不要毫无遮掩，不要低头、弯腰，更不要弯上身或者翘臀。女生穿短裙时，应特别注意。

（1）交叉式蹲姿。

这种蹲下的姿势在日常生活中经常会用到，适用于女性旅游服务人员，尤其是身穿短裙时，蹲下之后双腿交叉在一起，造型优雅。下蹲时右脚在前、左脚在后，右小腿垂直于地面，全脚掌着地。左膝从右腿后伸向右侧，左脚跟提起，脚掌着地。两腿靠紧，合力支撑身体。臀部向下，上身稍前倾。

（2）高低式蹲姿。

这是旅游服务人员采用最多的姿势。基本特征是双膝一高一低。下蹲时右脚在前，左脚在后，双腿靠紧向下蹲。右小腿基本垂直于地面，整只脚着地，左脚跟提起，脚掌着地。左膝低于右膝，贴在右小腿部内侧，形成膝盖右高左低的姿态，臀部向下，整个身体基本上靠左腿支撑。女性应靠紧两腿，男性则可适度地分腿。

3. 旅游服务人员蹲姿的禁忌

（1）弯腰捡东西时，双腿叉开，臀部向后翘起，是非常不雅观的姿态。双腿展开平衡下蹲，也是不优雅的姿态。

（2）下蹲时，要注意不要露出内衣。

### （四）走姿

走姿是一种动态美，以人的站姿为基础，实际上属于站姿的延续动作。每个人都是一个流动的造型体，优雅、稳健、敏捷的走姿会给人以美的感受，产生感染力，反映出积极向上的精神状态。走姿的基本要求：从容、稳直、直线。

男士的走姿效果要求：步态稳健，体现稳重、坚定、自信的阳刚之美。

女士的走姿效果要求：步态自如、协调、轻盈，体现端庄、自信、优雅的阴柔之美。

1. 标准走姿的要求

（1）身体直立、收腹直腰、两眼平视前方。

（2）双臂放松，在身体两侧自然摆动。

（3）脚尖微微向外或者向正前方伸出，跨步均匀，步伐稳健，步履自然，要有节奏感。

（4）起步时，身体微向前倾，身体重心落于前脚掌，行走中身体的重心要随着移动的脚步不断向前过度，而不要让重心停留在后脚，注意在前脚着地和后脚离地时伸直膝盖。

（5）步幅要适当，着装不同，步幅也要有所不同。

2. 不同着装的走姿

所穿服饰不同，步态应有所区别。

（1）穿西装。

行走时以直线为主，应当走出穿着者挺拔、优雅的风度。后背保持平正，上身立直，步幅可略大些，手臂放松，伸直摆动，手势简洁大方。注意，男士不要晃动，女士不要左右摆髋。

（2）穿旗袍。

行走时要求女士身体挺拔，胸微含，下颌微收，不要塌腰撅臀。步幅不宜过大，以免旗袍开衩过大，露出皮肤。前后两脚跟应在一条直线上，脚尖略微外开。两手臂在体侧自然摆动，幅度也不宜过大。

（3）穿裙装。

穿着长裙可显出女性身材的修长和飘逸美。行走时要平稳，步幅可稍大些。转动时，要注意头和身体相协调。穿着短裙，要表现轻盈、敏捷、活泼、洒脱的风度，步幅不宜过大，脚步频率可以稍快些，保持轻快灵巧的风格。

（4）穿高跟鞋。

穿上高跟鞋脚跟提高了，身体重心自然前移，为了保持身体平衡，膝关节要绷直，胸部自然挺起，并且收腹、提臀、直腰，平添几分魅力。穿高跟鞋走路步幅要小，脚跟先着地，两脚落地脚跟要落在一条直线上，像一枝柳条上的柳叶一样，这就是所谓的“柳叶步”。

3. 旅游服务人员常见的走姿

旅游企业的服务活动，强调外松内紧。即便在工作繁忙、业务紧张的情况下，也要在旅游者面前始终保持轻松的状态。这就需要旅游服务人员掌握优雅仪态的要领与技巧。

（1）标准步走姿。

标准步走姿，就是正常情况下使用的标准步伐，保持正常状态的走姿，包括步幅、速度。

（2）后退步走姿。

向别人告辞时，应先向后退两三步，再转身离去。退步时，脚要求轻擦地面，不可高抬小腿，后退的步幅要小。转体时，要先转身体，头稍后再转。

（3）侧身步走姿。

需要在前面引导别人时，应走在被引导人的左前方。髋部朝向前行的方向，上身稍微向右转体，左肩稍前，右肩稍后，侧身向着被引导人，且保持 2～3 步的距离。如果路面较窄或者在狭小的楼道中与人相遇，也需要采用侧身步，两肩膀一前一后，将胸部转向他人，切不可将后背转向他人。

4. 不正确的走姿

（1）走路时瞻前顾后、方向不定，两脚尖同时向内或向外呈现“八”字步，步伐一会儿大、一会儿小等行为，都是不雅观的表现。

（2）走路时身体前俯后仰、左右摇摆，给人一种缺乏教养、行为轻佻的印象。

（3）走路的声音过大，脚后跟拖地发出“嗤嗤”的声音。尤其是在医院、图书馆等比较安静的场合，要特别注意这种不雅的行为。

（4）走路时边走边吸烟、吃零食、吹口哨以及双手反背在背后、插在衣服口袋里、叉腰等。

## 三、旅游服务人员的行为姿态礼仪

旅游服务人员在掌握了正确的站、走、坐、蹲等动作要领后，要达到准确与服务对象交往的效果，还要注重以下礼仪。

### （一）旅游服务人员的手势礼仪

手势，也叫手姿，是在日常社会交往中常用的一种“体态语言”，具有极强的吸引力和表现力。在旅游服务工作中，手势一直都是最常用的动作之一。恰当、优美的手势能展示一个人的内在涵养和气质。引领手势要做到规范适度、简洁明确、自然亲切。

1. 旅游服务人员常用的几种手势

旅游服务人员常用的服务手势有：指示方向、手持物品、递接物品、举手致意等。

(1) 指示方向。

为他人指示方向时，一定要使用手掌而不是仅用手指；一定要掌心向上而不是侧向；上体应略向前倾，头、胸侧向服务对象，面带微笑，辅以手臂动作，说“请随我来”“请进”等。如果仅手臂挥动而上体僵直，表情呆板，则不仅动作显得不协调，也会给人以敷衍了事、并无诚意的感觉。

(2) 手持物品。

即用手拿着东西。可用一只手也可以用双手拿东西，动作要自然，五指并拢，用力均匀，不要翘起无名指或者小指，显得比较做作。旅游服务人员手拿物品时，可根据其具体重量、形状以及易碎与否，采取不同的手势，最重要的是要确保物品的安全，尽量轻拿轻放，不要伤人或伤己。

(3) 递接物品。

传递物品的时候，应该用双手传递，主动上前，正面朝上递到对方手中。若所传递的物品是一些刀或者有尖端的物品，则刀刃、尖头应该向内，便于对方接拿。接物时也要双手去接，而且要起身主动去接，目视对方，不要只顾注视物品，强取物品。

(4) 举手致意。

主要用来向他人表示问候、致谢、感谢。应面向对方，掌心向外，指尖朝向上方，伸开手掌。例如，当旅游服务人员忙于工作，看见相熟的服务对象而无暇分身时，向其举手致意，可消除对方的被冷落感。

2. 旅游服务人员手势礼仪规范

(1) 手势摆动的上限不要超过对方的视线，也不能低于腰部；手势可以左右摆动，但是摆动的范围一定不能太宽，在胸前或者右边的位置摆动。若想朝左边摆动，则应先朝右摆再向左摆；若想朝上摆动，则应先向下摆再向上摆。

(2) 摆动时胳膊应尽可能自然，动作不宜过快过猛，要适当慢些。

(3) 要了解手势的含义。手心向上，代表坦诚直率，积极肯定，是一种号召；手心向下，代表抵制、控制、否定、反对；紧握拳头，代表挑战，提出警告，也可以表示某种决心；伸出食指，表示指示方向、训令或下达指令。各国不同手势动作的含义见表 2-2。

**表 2-2　各国不同手势动作的含义**

| 手势动作 | 不同含义 | 适用国家 |
|---|---|---|
| 竖起大拇指 | 好、干得好、了不起、高明 | 中国 |
| | 男人、您的父亲、最高 | 日本 |
| | 首领、自己的父亲、部长、队长 | 韩国 |
| | 祈祷幸运 | 澳大利亚、墨西哥、荷兰 |
| | 顺便搭车 | 美国、法国、印度 |
| 伸出食指 | 让对方久等 | 美国 |
| | 请求、拜托 | 缅甸 |
| | 最重要 | 新加坡 |
| | 请来一杯酒 | 澳大利亚 |

续表

| 手势动作 | 不同含义 | 适用国家 |
| --- | --- | --- |
| 伸出中指 | 被激怒和极不愉快 | 法国、美国、新加坡 |
| | 不满 | 墨西哥 |
| | 侮辱 | 澳大利亚、突尼斯 |
| | 下流的行为 | 法国 |
| 伸出小指 | 女人、好孩子、恋人 | 日本 |
| | 妻子、女朋友 | 韩国 |
| | 小个子 | 菲律宾 |
| | 朋友 | 泰国、沙特阿拉伯 |
| | 要去厕所 | 缅甸、印度 |
| | 打赌 | 美国、尼日利亚 |
| 食指往下弯曲 | 数字九 | 中国 |
| | 偷窃 | 日本 |
| | 死亡 | 美国、菲律宾、马来西亚 |
| | 询问价格、数量 | 墨西哥 |
| 拇指与食指尖组成圆圈，手心向前 | 好的 | 美国 |
| | 诅咒 | 巴西、阿拉伯国家、希腊 |
| | 钱 | 日本 |

（4）注意使用区域的差别。

旅游服务人员在运用手势时，要考虑手势运用的具体区域以及手势施以的对象这两个因素，以防出现因对手势含义的理解不同而带来误会。因此，准确运用手势，还要求旅游服务人员更详细地了解不同国家、民族的文化习俗。

3. 旅游服务人员的基本手势

（1）横摆式。

横摆式，是表示“请”时常用的手势，分为单臂横摆式和双臂横摆式。具体做法：四指并拢，手掌自然伸直，掌心向上，肘部微微弯曲，手腕低于肘部。手势动作从腹部前面抬起，以肘部为轴轻微向一旁摆出到腰部，和身体成45°角的时候停止。头部和上身微向伸出手的一侧倾斜，另外一只手自然下垂或者放在身后，目光注视着被引导者，面带微笑。

（2）斜摆式。

一般用在请别人入座的时候，手势应摆在座位的地方。先从身体的一侧伸手抬起，到达腰部后，再向下摆去，尽量使大小臂成一条斜线。

（3）直臂式。

直臂式，一般用于指引的方向。从身前抬起屈肘，摆向所指引的方向，摆到肩膀的高度，肘部关节基本伸直。注意，手掌一定要伸直、手指并拢，不能用食指指。

### （二）旅游服务人员的表情神态礼仪

表情，就是指人的面部感情，主要通过眉毛、眼睛、嘴巴、鼻子等的动作表现，比如微笑、眨眼等。面部表情主要是通过目光和微笑来传递信息的。在日常交往活动中，人们最常用的就是微笑和眼神的礼仪。

表情礼仪主要探讨的是眼神、笑容、面容三个方面的问题。美国心理学家艾伯特·梅拉比安把人的感情表达效果总结为：感情的表达＝7%的言语＋38%的语言＋55%的表情。优雅的表情可以给人留下深刻的第一印象。

表情礼仪总的要求就是要理解表情、把握表情，在社交场合努力使自己的表情热情、友好、轻松、自然。构成表情的主要因素：一是目光；二是笑容。

1. 目光

眼睛是心灵的窗户，从一个人的目光中，可以看到他的整个内心世界。目光是面部表情的核心。在人际交往中，目光是一种真实、含蓄的语言。一个良好的交际形象，目光应是坦然、亲切、友善、有神的。在旅游服务中，旅游服务人员要通过眼神让对方明白你的热情和真诚。

（1）注视方式的不同。

目光的运用要做到“散点柔视”，也就是要将目光柔和地分散在别人的整个脸上，而不是聚焦于对方的眼睛。当双方都沉默、不说话的时候，应及时将目光移开。不要盯着别人或者眯着眼看别人。注视服务对象时要讲究方式，既要方便服务，又不要引起对方误解。旅游服务人员注视服务对象的角度包括正视、平视、仰视、环视，切忌旁视、避视、扫视、盯视、忽视和不视。

1）正视——表示认真、尊重，适用于何种情况，也是基本礼貌之一，旅游服务人员即使与服务对象同处于一侧，在需要正视对方时，也要将面部与上身转向对方。

2）平视——表示双方地位平等，即在注视对方时，身体与其刚好处于相同的高度，使双眼可以平视对方。

3）仰视——表示尊重、崇拜对方。本人所处的位置较对方低时，需要抬头向上仰望对方。旅游服务人员在必要时可以仰视服务对象，而绝不能俯视对方。服务礼仪规定服务人员站立或就座之处不得高于服务对象，主要是为了防止造成俯视对方的状况。如果服务人员身高明显超过服务对象，在与服务对象交谈时应该俯身，使目光仍能保持平视。

4）环视——旅游服务人员为多人服务时，要善于运用目光对每位服务对象予以关照，给予每一位服务对象以适当的注视，使其不会产生被疏忽冷落之感。

（2）注视时间的长短。

在与人交谈的社交场合，目光应该只是一瞥，注视时间最长不要超过 10 秒，不然很容易引起误会。在交谈的过程中，不时地注视着对方，注视时间占全部相处时间的三分之一左右，这是友好相处的表示；若常常把目光投向对方，注视时间占相处时间的三分之二左右，这是重视对方的表示；若目光游离，注视时间不到相处时间的三分之一，这是轻视对方的表示；若目光始终注视着对方，注视时间超过相处时间的三分之二，这就表示对对方有敌意或者比较感兴趣。

因此，旅游服务人员在和初次见面的旅游者交谈时，不可以长时间盯着对方的眼睛，以免引起对方的不安和恐惧。

(3) 注视部位。

注视对方不同的部位，传达的信息有所区别，相应地也会营造出不同的气氛。根据场合和交往对象的不同，目光所及应有所差别。

1) 公务凝视区域：以两眼为底线、额中为顶角形成的三角区域。在洽谈业务的时候，如果你看着对方的这个部位，会显得严肃认真，别人会感到你很有诚意。

2) 社交凝视区域：以两眼为上限、唇心为下顶角所形成的倒三角区域。在社交活动中，当你看着对方这个部位的时候，会营造出一种社交气氛。这种凝视主要适用于茶话会、舞会以及各种类型的友谊聚会。旅游服务人员注视服务对象通常在这个区域。

3) 亲密凝视区域：从双眼到胸部之间的区域，主要是亲人和恋人之间使用的。

2. 微笑

微笑是人际交往的“通行证”，是一种既能愉悦自己又能愉悦他人的发挥正面作用的表情。微笑是旅游服务人员懂礼貌、有修养的外在表现，如果用微笑来接纳对方，可以反映出本人的修养、待人的真诚，是处理好人际关系的一种重要手段。有效地利用笑容，可以缩短彼此之间的心理距离，打破交际障碍，为深入地沟通与交往创造和谐、温馨的良好氛围。微笑是旅游服务人员的“常规武器”，“微笑是最具魅力的礼节”。

笑容的功能是强大的，但是要笑得恰到好处也是不容易的，所以微笑是一门学问，又是一门艺术。

(1) 合乎礼仪的笑。

生活中，笑有微笑、轻笑、大笑以及尴尬的笑、嘲讽的笑等许多种，其中最美的就是微笑。在交际中，经常要使用到以下几种笑：

1) 含笑：不出声、不露齿，表示接受对方、对人友善，适用范围较广。

2) 微笑：唇部向上移动，呈弧形，不露齿，表示自信、乐观、友好，适用范围最广。

3) 轻笑：嘴巴稍微张开，露出上齿（8 颗牙齿），不出声，表示欣喜、愉快，多用于会见客人、招呼熟人。

4) 浅笑：抿嘴笑，往往下唇被含在牙齿之间，多见于年轻的女性害羞时。

(2) 旅游服务人员微笑的标准。

基本要求：亲切、自然、甜美。

1) 露出上前牙和牙颈部牙龈的 75%～100%。

2) 上唇向上弯曲，嘴角比上唇中部的下界要高。

3) 上前牙曲线与下唇的平行。

4) 上前牙与下唇不接触或者刚刚接触为好。

5) 微笑时露出 8 颗牙齿是最美的。

(3) 微笑的注意事项。

1) 微笑时不要扬眉瞪眼，应舒展眉毛，再睁大眼睛。

2) 微笑时不要急于露出 8 颗牙齿，牙齿微露也可以。

3) 在与对方目光接触的同时、开口说话之前，应主动微笑。

4) 微笑时间不宜超过 7 秒，时间长了，会给人一种傻笑的感觉。

旅游服务人员不能放肆大笑，以免使人感到没有教养；不要讥笑，以免使对方恐慌；不要傻笑，以免令对方尴尬；不要冷笑，以免使对方产生敌意。总之，笑要因时、因事而异。

## （三）旅游服务人员的鞠躬礼仪

鞠躬，意为不抵抗，相见时把视线移开，郑重地把头低下，告诉对方“我对你不怀有敌意”。现在鞠躬被用于表达对来者的敬意。如果没有敬他人之心，则鞠躬没有实际意义。

1. 鞠躬的适用场合

鞠躬是表示对他人尊重的一种郑重的礼仪，日常生活中晚辈对长辈、下级对上级、遇到客人、表示感谢或回礼时，都可行鞠躬礼。

受礼者若是长辈、尊者、宾客或者女士，可以不用还礼，可用欠身、点头、微笑致意以示还礼。

2. 鞠躬的动作要领

鞠躬时应在距离对方 2 米处进行。鞠躬时要脱帽，用右手抓住帽前檐中央，将帽子取下，左手下垂行礼，女性戴着无帽檐的帽子时可以免脱帽。如果在行进中行礼，礼毕后应向右一步，给对方让路。

（1）应在优雅站立姿势的基础上鞠躬，面带微笑，神态自然。

（2）鞠躬时要挺胸、抬头、收腹，自腰以上向前倾。

（3）上身下弯时，首先看对方的眼睛，然后再看对方的脚，抬起上身后再次注视对方的眼睛。

（4）鞠躬时上身抬起的速度要比下弯时稍慢一些。

3. 行礼的方式

（1）当与客人交错而过时，应面带笑容，可行 15 度的鞠躬礼，以表示对客人的礼貌及打招呼。

（2）当迎接或送别顾客时，可行 30 度的鞠躬礼。

（3）感谢顾客或初次见到顾客时，可行 45 度的鞠躬礼以表示礼貌。

（4）在庄严肃穆的场合，可行 90 度的鞠躬礼，这是最高礼节。

4. 行鞠躬礼的注意事项

（1）鞠躬不是单纯的点头，一定要手自然垂下，上半身向前方直接弯下去。切忌边看着对方边鞠躬，这是十分不雅的；切忌边工作边鞠躬；切忌一边摇晃着身体一边鞠躬；切忌鞠躬速度太快；切忌上身不动，只膝盖处弯曲、歪歪头。

（2）保持正确呼吸：随着上半身下弯吸气，弯下后数一、二、三吐气，接着一边吸气一边慢慢抬起上身。如果起身过快，就会显得草率。

（3）行鞠躬礼时必须先摘下帽子，用右手（如右手持物，可用左手）抓住帽前檐中央，用立正姿势，双目注视对方，身体上部前倾约 15 度，然后恢复原来的姿势。

（4）鞠躬一次即可，不可连续、重复施礼。其他人在受鞠躬礼后，均应该以鞠躬礼相还。

## （四）旅游服务人员应注意的其他仪态

1. 上下楼梯

上下比较高的楼梯时，头要正，脊背要伸直，胸部要挺直，臀部要收，膝盖要弯曲。

旅游服务人员上下楼梯时应当注意四点：

（1）走指定的楼梯。为方便客人，往往规定员工不得与客人走同一个楼梯。旅游服务人员必须不折不扣地遵守，不能因为有急事或贪图方便在客梯无人时擅自使用。

（2）减少在楼梯上的停留。不要停在楼梯上休息、交谈或是慢吞吞地行进。

（3）遵守“右侧通行”。多人同时上下楼梯时不能并排行进，要一律靠右侧单独行进。

（4）保护服务对象。上下楼梯时，出于礼貌，可请客人先行。上楼时请客人先行，下楼时请客人后行。旅游服务人员总是处于客人的下方是为防止意外，必要时可搀扶客人。

2. 避免不雅动作

旅游服务人员在客人面前应注意举止得体，注重细节：

（1）不要打哈欠、打饱嗝、打喷嚏、伸懒腰、挠头发、抠鼻孔、掏耳朵、剔牙齿、修指甲、吐痰。

（2）有些动作要避人进行，包括穿、脱衣服等。

（3）不要乱扔果皮、纸屑、烟头等脏物。

## 任务实施

### 旅游服务人员的姿态训练

1. 站姿的训练

（1）站姿训练步骤。

1）老师按要求从上至下分项讲解，边讲解边做示范。

2）学生按照老师的要求跟着练习。

3）老师指出学生站姿中出现的问题，并予以纠正。

4）引导学生进行自我调整，形成正确的站姿。

5）延长训练时间，达到训练的标准。

（2）站姿训练方法。

好的站姿是可以通过学习和训练而获得的。理论学习后，我们还要在日常生活中加以训练，利用每天空闲的时间练习，养成良好的习惯，长期坚持。

1）背靠墙壁。

将身体背对着墙壁站直，整个后背紧紧贴着墙壁。后脑勺、肩、腰部、臀部、脚后跟也要尽可能地贴近墙壁，努力让头、肩膀、臀、腿之间纵向连成一条直线。

2）两人背靠背。

两个人一起，背靠背站立，将两人的后背、肩膀、臀部、脚后跟都紧紧靠在一起。最好在两人的肩膀和小腿之间放一张卡片，卡片不能掉下来。

3）头顶书。

头顶书训练，就是把一本书放在头上，不能让它掉下来。书顶在头上的时候，人们就会很自然地挺直脖子，收紧下巴，挺胸挺腰，这样书才不会轻易掉下来。

4）对镜训练。

每人面对镜子，检查自己的站姿以及整体形象，看是否歪头、斜肩、驼背、弯腿等，并及时做出调整。

5）训练时间。

站姿的训练，每次应该控制在20～30分钟，训练时可以配上轻松愉快的音乐。

2. 坐姿的训练

(1) 坐姿训练步骤。

1）老师按要求从上至下分项讲解，边讲解边做示范。

2）学生按照老师的要求跟着练习。

3）老师指出学生坐姿中出现的问题，并予以纠正。

4）引导学生进行自我调整，形成正确的坐姿。

5）延长训练时间，达到训练的标准。

(2) 坐姿训练方法。

1）两人面对面练习，相互指出对方的不足之处，并进行纠正。

2）头顶书训练。端坐后，将一本书放在头顶正中，不能让书掉下来。

3）对镜训练。坐在镜子面前，按照坐姿的要求进行自我纠正，重点检查手位、腿位和脚位。

3. 走姿的训练

(1) 走姿训练步骤。

1）老师按要求从上至下分项讲解，边讲解边做示范。

2）学生按照老师的要求跟着练习。

3）老师指出学生走姿中出现的问题，并予以纠正。

4）引导学生进行自我调整，形成正确的走姿。

5）延长训练时间，达到训练的标准。

(2) 走姿训练方法。

1）双臂摆动训练。身体直立，以两肩为支点，双臂前后自然摆动，摆幅在10～30度。纠正双肩过于僵硬、双臂左右摆动不均等问题，使双臂摆动优美自然。

2）走直线训练。在地面上画一条直线，沿着直线行走，检查自己的步位和步幅是否符合要求。规范走姿，纠正“内八字”“外八字”步。纠正步幅大小，保持步态的节奏感。

3）头顶书训练。在规范走姿的基础上，将一本书放在头顶正中，不能让书掉下来。纠正走路时身体摇晃、摇头晃脑等问题。

4）步态综合训练。训练各种动作的协调性。行走时，身体平衡，双臂摆动对称，各种动作协调一致。训练时，掌握走路时的速度、节奏。

4. 蹲姿的训练

(1) 蹲姿训练步骤。

1）老师按要求从上至下分项讲解，边讲解边做示范。

2）学生按照老师的要求跟着练习。

3）老师指出学生蹲姿中出现的问题，并予以纠正。

4）引导学生进行自我调整，形成正确的蹲姿。

5）延长训练时间，达到训练的标准。

(2) 蹲姿训练方法。

1）蹲下训练。身体直立，男生双脚前后站立，迅速蹲下；女生丁字步站立，理顺裙子后优雅蹲下。在练习动作的同时，注意体会技术要领。

2）起身训练。并脚蹲下，身体直立，然后起身。

3）蹲式服务训练。蹲前左手拿盘、右手拿杯，蹲下后右手放杯，起身。

## 旅游服务人员服务手势训练

1. 手势规范训练步骤

（1）老师按要求分项讲解，边讲解边做示范。

（2）学生按照老师的要求跟着练习。

（3）老师指出学生手势中出现的问题，并予以纠正。

（4）引导学生进行自我调整，形成正确的手势。

（5）延长训练时间，达到训练的标准。

2. 手势规范训练的要点

（1）手势幅度。

手势的上界一般不超过对方的视线，下界不低于自己的腰际，左右摆动的范围应在自身的胸前或右方进行。

（2）手的姿态。

摊开手掌，五指伸直并拢。掌心斜向上方，手掌与地面成 45°角，腕关节伸直，手与前臂成直线。做动作时，以肘关节为支点。

（3）手的位置。

一般手位在头和腰之间，手势分低位、中位、高位。

1）低位手势：手位在腰线，所示意义为距离在 1 米左右。

2）中位手势：手位在腰与肩之间，一般在胸位，所示意义为距离在 2～5 米。

3）高位手势：手位在头与肩之间，一般为眼部，所示意义为距离 5 米以上的较远或较高处。

（4）身体姿态。

呈标准站姿的同时，身体稍向前倾，肩部上提。在运用手势时，要目视来宾，面带微笑。

## 旅游服务人员眼神训练

1. 眼神训练的要点

（1）不同注视区域的练习，对不同交往对象注视区域不同。

（2）不同注视角度的练习，让交往对象感到平等、不卑不亢。

（3）注视时间的练习，让目光交流达到令人舒服的感觉。两人一组进行以下练习：

1）被注视 3 分钟——感觉不自在。

2）被盯视 5 分钟——感觉不礼貌。

3）几乎不被注视——感觉被冷落。

4）被适宜注视——感觉被尊重。

2. 不同眼神的训练

（1）眼神综合练习：用不同的眼神表示愤怒、怀疑、惊奇、不满、害怕、感慨、遗憾等情绪。

（2）每分钟的眨眼次数练习：

1）标准：每分钟 5～8 次。
2）心不在焉：频繁眨眼。
3）轻蔑厌恶：过慢眨眼。
（3）眼皮、瞳孔开合大小练习：
1）欢畅、惊愕：大开眼皮、大开瞳孔。
2）愤怒、仇恨：大开眼皮、小开瞳孔。
3）欣赏、快乐：小开眼皮、大开瞳孔。
4）算计、狡诈：小开眼皮、小开瞳孔。
3. 情景模拟训练
（1）模拟借书、购物等情境，观察旅游服务人员的眼神和工作态度之间的关系。
（2）模拟旅游服务人员在与旅游者进行交谈时的眼神交流，注意观察眼神和思想感情之间的关系。
（3）模拟旅游服务人员在路上与擦肩而过的旅游者进行眼神接触，尝试揣摩旅游者的心理。

# 任务三 文明的语言

## 任务分析

“良言一句三月暖，恶语伤人六月寒。”文明的语言是尊重他人的具体表现，是友好关系的敲门砖。语言是人们思想的载体，是社会交际的工具，是人们表达意愿、交流思想感情的媒介和符号，也是人们道德情操、文化素养的反映。旅游服务的过程从问候客人开始，到与客人告别结束，语言是完成各种服务工作的重要手段。作为旅游服务人员，在工作中讲究语言艺术，使用礼貌用语是十分重要的。

## 任务准备

### 一、旅游礼仪语言概述

礼貌用语直接反映旅游服务的质量和管理水平。作为旅游服务人员，是否使用礼貌用语是客人十分注意的。准确、亲切的礼貌语言，反映了旅游服务人员的文化素养和精神面貌，同时很大程度上决定着客人对服务人员的评价。因此，旅游服务人员一定要加强这方面的修养。

### （一）礼貌用语的概念

礼貌用语是服务行业从业人员用来向宾客表达意愿、交流思想感情和沟通信息的重要交际工具，是接待宾客时用来对宾客表示友好和尊敬的一种礼貌性语言。

礼貌用语具有体现礼貌、提供服务的双重特性，旅游服务人员一定要真正理解旅游服务礼貌语言的内涵及重要性，这样才能在具体的服务过程中自觉地、恰到好处地加以运用，从而形成良好的职业习惯和职业修养。

### （二）旅游礼貌用语的特征

旅游服务人员在与客人进行沟通和交流时，具有较明显的职业特征。旅游服务人员必须认识和理解本行业的语言特征。

1. 语言的礼貌性

语言的礼貌性主要表现在旅游服务人员对客人正确使用表现自谦恭敬的礼貌语言，并在服务的过程中始终贯穿着礼貌语言，使客人感受到充分的尊重。

旅游服务工作在语言上的一个最大的特点就是礼貌用语的广泛应用，包括对敬语、谦语、雅语的正确运用。

2. 语言的婉转性

语言的婉转性表现在两个方面：一是用友善的语言充分体现说话人尊重听话者，常常以征询式、商量式的语气表达，如：“这张桌子已有人预订了，请用那张靠窗的桌子好吗?”二是用婉转的、含蓄的表达方式来代替直露的语言，如“请您从这边走”要比“您走错了”效果好。旅游服务中使用语言时要充分尊重宾客的人格和习惯，绝不能讲有损宾客自尊心的话。这就要求语言措辞的婉转性。

3. 语言的灵活性

礼貌用语应当是生动的、丰富多彩的。如果在旅游服务工作中只是简单、重复地使用一句问候语，就不可能取得好的效果。服务人员应当灵活地用不同的敬语来招呼宾客，使其产生亲切感和新鲜感。在使用礼貌用语时察言观色，随时注意宾客的反应，针对不同的对象及其不同的性格特点、不同的场合，灵活地说不同的话语。一般来说，可以通过宾客的服饰、语言、肤色、气质等去辨别宾客的身份，通过宾客的面部表情、语气、走路的姿态、手势等行为举止来领悟宾客的心情。旅游服务人员只有把有声语言和无声语言巧妙结合，使其具有情感灵活性，才能拉近与客人的距离，更好地服务客人。

4. 语言的生动性

旅游服务人员的语言应当生动，生动的语言才能使人感到亲切、热情，使气氛活跃、感情融洽。因此，旅游服务人员应努力掌握说话的技巧，注意语言的生动性。例如：一位游客在登山时不小心被树枝刮破了心爱的衣服，非常难过，导游小姐走过来风趣地对她说：“人有情，山也有情，你看连树枝都要挽留你。”一句话就使游客心情变好。语言生动是思维敏捷、随机应变的表现，它是旅游服务人员应具有的才能和风度。

## 二、旅游服务用语的基本要求

旅游者来自四面八方，初来乍到，对当地的一切不甚了解，只有通过礼貌服务用语，才能相互认识，进一步相互了解，沟通情感，从而使旅游者对旅游产品、旅游服务产生兴趣和好感，留下深刻的印象和美好的回忆，达到优质服务的目的。

### （一）语言要标准

语言要标准，就是使口头表达合乎语言规范，谈话的内容准确、简单、明了。对于旅游服务人员来说，语言标准包括普通话标准、方言标准和其他语种标准。

1. 普通话标准

普通话是我国通用语言。每一位旅游服务人员在工作中，都应该自觉学好、用好普通话。使用普通话时应注意：认字要正确，读音要正确，遣词造句要正确。在旅游服务过程中，大多数情况下，旅游服务人员应该使用中速语调，选用恰当的遣词造句，以免产生歧义。

2. 方言标准

方言作为一种客观存在的语言现象，必然会在相当长的时期内同普通话共存。方言给人一种亲切感和自豪感，特别是情绪激动的时候，就会脱口而出。旅游服务人员应充分理解宾客的语言感情，适应他们的语言感情需要。除了普通话，旅游服务人员最好能懂一些地方方言，用对方的方言交谈，被接待者一定会倍感亲切，更利于工作开展，消除矛盾冲突。

3. 其他语种标准

随着国际交往的进一步增多，为了顺利地与外国旅游者沟通，旅游服务人员还需要掌握一些外国语言。作为旅游服务人员，一般都会选择学习我们主要客源国的语种，如英语、日语、韩语等，也可以根据自己的实际情况有选择地学习。

### （二）语言要以宾客为中心

旅游服务工作本身就是以满足宾客的需要为前提的，而在宾客的各种需要中，求尊重的需要往往是最重要的。因此，旅游服务工作的原则之一就是语言表达力求体现“以宾客为中心”，一切为了宾客着想。主要表现在：一是传递信息，表达感情；二是引起注意，唤起兴趣；三是取得信任，加深了解；四是进行鼓励，增进沟通；五是予以说明，加以劝告。

### （三）要注意选用询问和回答的方式

旅游服务人员在与客人对话中，为了有利于双方的交流和理解，应恰当地选择使用询问和回答的方式。

（1）关切性的询问：当客人来到服务人员面前时，服务人员应用主动关切的话语表示欢迎，并表现出应有的服务热情。

（2）征求性的询问：当客人做出决定或者选择的时候，旅游服务人员一般需要用征求的话语帮助客人做出选择。

（3）提议性的询问：当客人为难、犹豫的时候，服务人员可以用试探性的口吻向其提建议。

（4）针对性的回答：对于客人的询问，旅游服务人员应直截了当地做出明确答复。

（5）解释性的回答：用在当客人对某些事物或景点存在疑问或者有不明白的时候。

（6）宽慰性的回答：当客人遇到突发状况、急事或难事，寻求服务人员帮助解决时，旅游服务人员需要理解他们的处境和心情，尽可能使用宽慰性的话语，并积极采取措施帮助他们。

### （四）要注意语言、表情和行为的一致性

作为一名优秀的旅游服务人员，在服务客人的时候，应把语言与恰当的表情、美的行为结合起来，在与客人交谈的时候要时刻注意举止、表情。如果一个使用礼貌服务用语接待宾客的服务人员面无微笑、目光冷淡或者同时在做自己的事情，甚至坐着与站立在面前的宾客说话，这种言行不一的举动，即使语言再美，也是让人不舒服的。

## 三、旅游服务人员的语言艺术

对于旅游服务人员来说，服务用语要做到文明服务、礼貌服务、热情服务。

### （一）文明服务

文明服务要求旅游服务人员体现良好的企业文化，展示优秀的个人素质。文明服务的主要内容包括：规范服务、科学服务、优质服务。

1. 规范服务

规范服务，即标准化、正规化的服务。主要体现在：

（1）要做到来有迎声，问有答声。

1）来有迎声：“您好”“欢迎光临”等。

2）问有答声：要做到有问必答，切记不可以一问三不知、不愿意回答或敷衍了事；要及时回答，对于承诺了什么时间答复的事情，无论情况如何都应该到时给出答复，切不可拖延、不按时答复；要对事情给出具体的答复时间，不可用“过会儿给您答复”“过两天再说”等这种模糊的时间敷衍对方；要有耐心，不厌其烦。

（2）不讲禁忌的语言。

在旅游服务人员提供服务的过程中，必须杜绝以下四种服务禁忌的语言表达：

1）不尊重的语言。

比如，面对残疾人的时候，切记不能使用“残废”“瞎子”“聋子”等词语。对身体肥胖之人的“肥”，对个子矮之人的“矮”，都是不应该直言不讳的。

2）不友好的语言。

不友好的语言，是指对交往者说话时不够友善，甚至说出满怀敌意的语言，如“你买得起吗?”等。

3）不耐烦的语言。

旅游服务人员在服务工作中，要时刻表现出应该有的热情和足够的耐心，要努力做到：有问必答，答必尽心；百问不烦，百答不厌；不分对象，始终如一。如果在服务工作中使用了不耐烦的语言，不论自己的初衷是什么，这种做法都是不合乎规范的。例如："挑够了吗?""你过来招待这两位客人，我赶着下班!"

4）不客气的语言。

比如在劝阻服务对象不要动手乱摸乱碰时，不能够生硬地说"别乱动""弄坏了你得赔"等不客气的语言，应该委婉地劝说对方。

2. 科学服务

在旅游服务人员提供服务的过程中，掌握科学有效的服务方法，才能起到事半功倍的效果。要做到科学服务，需要做好以下两点：

（1）练好岗位的基本功。

"行行出状元"，练好本职工作的基本功是个人安身立命之本。要练好基本功，首先要做好岗位的基本要求，掌握岗位需求的每一个细节。还要了解旅游产品和服务的特殊问题，包括产品和服务涉及的方方面面。

（2）洞悉客人的心理。

旅游服务人员在服务工作中，还要时刻洞悉客人的心理，找出客人的真实需要并满足他，"知己知彼，百战不殆"。要分析客人的心理类型，根据客人对你的服务的态度，如接受、怀疑、不接受、无所谓等，及时调整服务的方式。

3. 优质服务

优质服务就是不断地提高服务质量。主要表现在：态度上要尽心尽意；行为上要尽力而为；努力的程度上要力求完善；结果上要争取十分满意。

## （二）礼貌服务

1. 使用谦语

不仅要使用内容谦恭的语言，语气也要谦恭。例如：称呼自己为"在下""晚辈"，称自己的家人为"家父""舍妹""家兄"；出现失误的时候，要及时说"抱歉""对不起""失礼了"；请求别人原谅的时候，可以说"请包涵""请原谅"等。对待外国旅游者，应该谦虚适度。

2. 使用敬语

敬语是说话者直接表示自己对听话者敬意的语言，通常在说话人把听话人视作上位者时使用，如："先生，对不起，让您久等了。"使用敬语能让客人感受到自己在服务人员心目中的地位，以及自己作为一名旅游者在旅游活动中所享有的礼遇。旅游服务人员在与客人交流的时候，要以"请"字开头，以"谢谢"收尾，"对不起"常挂嘴边。

3. 使用雅语

雅语是指一些比较文雅的词语和俗语，是一种比较含蓄的表达（见表 2－3）。在旅游服务工作中，往往用于那些在公共场合或社交活动中需要避讳的情况。旅游服务人员在进行服务工作时使用文雅的语言，能够体现旅游服务人员的文化素养以及尊重他人的个人素质。在人们交流中，言谈用词要文雅，杜绝蔑视语、烦躁语、斗气语。

表 2-3 语言实例对比

| 委婉、雅致的语言 | 粗俗、生硬的语言 |
| --- | --- |
| “您贵姓?” | “你叫什么?” |
| “洗手间” | “大小便”“厕所” |
| “不新鲜，有异味” | “发霉、发臭” |
| “让您破费了” | “按规定要罚款” |
| “请用茶” | “来喝点茶” |
| “请用饭” | “还要饭吗?” |

### （三）热情服务

热情服务，要做到真心实意、全心全意、充满善意。要让对方明显感受到你的热情，而不是虚情假意。要实现热情服务，只有眼到、口到还不够，还要做到身到、意到。

1. 眼到

眼到的标准：一要目中有人，要看着对方说话。对于看的部位、看的角度以及看的时间已经在目光语中有介绍，这里无须多说。二要眼里有事，要随时随地关注哪些事情该做，及时满足对方的各种需要。

2. 口到

口到，就是要把你的善意、诚意用语言的形式表达出来。因为你不说，别人就不会明白。语言表达的时候，一方面，要说普通话。普通话是通用的语言，如果你说的都是方言，对方听不懂，很可能压根就不知道你说的是什么，更体会不到你的善意和诚意。另一方面，说话要因人而异、因场合而异，根据交往对象的不同以及所处场合的不同，适当地调整说话内容。

3. 身到

身到，就是能够及时地提供服务，迅速地满足服务对象的要求。身到的操作要领如下：

（1）身正：无论什么时候都应该注意自己的仪态，不论有无客人在场都要求自己站有站相、坐有坐相。

（2）脚勤：主动、及时地上前提供服务。

（3）手快：服务要准确，不要犯一些低级的小错误，如手指不要碰到客人的杯沿、碗沿，不要手忙脚乱等。

4. 意到

意到就是要表情和神态相互配合。表情要做到如下三点：一要自然，不要过分严肃、呆板；二要互动，要和服务对象的表情进行互动并相互协调；三要大方，不卑不亢，不扭捏。

## 四、旅游服务人员常用的服务用语规范

### （一）问候用语

标准式问候用语的常规做法：在问好之前，加上适当的人称代词，或者其他尊称。例

如，“您好”“大家好”等。

### （二）欢迎用语

最常用的欢迎用语有“欢迎”“欢迎光临”“见到您很高兴”“恭候您的光临”等。在客人再次到来的时候，可以在欢迎用语之前加上对方的尊称，如“王先生，真高兴再次见到您”，以表示自己尊重对方，使对方产生被重视之感。

### （三）送别用语

最常用的送别用语主要有“再见”“走好”“慢走”“欢迎再来”“一路顺风”等。但是送别乘飞机的客人时，忌讳说“一路顺风”，这一点要特别注意。

### （四）请托用语

请求他人帮忙或者托付他人代劳的时候，照例应当加上一个“请”字。在日常生活或者工作岗位上，任何人都免不了会有求于人，在向别人提出某项具体的要求或请求时，都要加上一个“请”字。

### （五）致谢用语

致谢用语一般为“谢谢”“感谢您的帮助”等。致谢有以下几种情况：一是获得他人的帮助时；二是得到他人的支持时；三是赢得他人的理解时；四是感到他人善意时；五是婉言谢绝他人时；六是受到他人的赞美时。

### （六）应答用语

常用的应答用语主要有“是的”“好”“好的”等。重要的是，对于旅游服务人员，一般不允许对客人说“不”字，更不允许对其置之不理。

### （七）道歉用语

常用的道歉用语主要有“抱歉”“对不起”“请原谅”等。

**课堂讨论**

#### 老人为何拂袖而去?

在某地一家饭店，某旅游团在此用午餐。当服务员发现一位 70 多岁的老人面前是空饭碗时，就轻步走上前，柔声说道：“请问老先生，您还要饭吗?”那位老人摇了摇头。服务员又问道：“那老先生您完了吗?”只见那位老人冷冷一笑，说：“小姐，我今年 70 多岁了，自食其力，这辈子还没落到要饭吃的地步，怎么会要饭呢？我的身体还硬朗着呢，不会一下子完了的。”说完，老人拂袖而去。

分析：服务员的问话有何不妥？礼貌用语在旅游服务工作中的重要意义是什么？

## 任务实施

### 角色扮演训练

情景：飞机误点，导游请求饭店午餐等候。但旅游团抵达饭店后，餐厅已经撤台。一名游客将怒火发泄在导游身上。

请同学们分别扮演导游和游客，用冲动和理智的语言分别表演两种情形。

## 项目小结

塑造良好的个人形象在职场中尤为重要，主要应从端庄的仪容仪表、优雅的行为姿态、文明的语言三个方面塑造。旅游服务行业不仅要求从业人员具有端庄的仪容仪表，而且对站、坐、行等各种行为姿态、举止都有着严格的礼仪规范。语言是完成各种服务工作的重要手段，作为旅游服务人员，在工作中讲究语言艺术、使用礼貌用语是十分重要的。

## 项目测评

### 一、选择题

1. 旅游服务人员要塑造良好的形象，要保持最基本的礼仪原则，其中不包括（　　）。

A. 干净　　B. 整洁　　C. 修饰　　D. 浓妆

2. 面部是一个人的门面，是礼仪之首，女性旅游服务人员上岗化妆的原则是（　　）。

A. 美化　　B. 自然　　C. 协调　　D. 科学

3. 服饰礼仪的 TPO 原则涉及（　　）方面。

A. 时间　　B. 场合　　C. 地点　　D. 机会

4. 仪态是一种无声的语言，具有表达功能，男士要求（　　）。

A. 坐如钟　　B. 站如松　　C. 行如风

5. 旅游服务人员的基本手势有（　　）。

A. 横摆式　　B. 斜摆式　　C. 直臂式　　D. 立摆式

### 二、判断题（对的打“√”，错的打“×”）

1. 旅游服务人员的笑容的功能巨大，为了体现个性应放声大笑。（　　）
2. 与客人交错而过时，旅游服务人员应该面带笑容，行 45 度鞠躬礼。（　　）
3. 旅游服务人员的语言不能太丰富，只能用同一种敬语来招呼宾客。（　　）
4. 旅游服务人员可以使用方言，来让被接待者有一种亲切感，以利于开展工作。（　　）

### 三、案例分析

#### “下台剪彩”

某旅游公司新近落成了办公大楼，拟举行剪彩仪式。请来了市长和当地各界名流参加，并请他们坐在台上观礼。仪式开始时，主持人宣布：“请市长下台剪彩！”却见市长端坐不动。主持人很奇怪，重复一遍："请市长下台剪彩！"市长还是端坐没动，脸上还露出一丝恼怒。主持人又宣布一遍："请市长剪彩！"市长才很不情愿地勉强站起来去剪彩。

思考：主持人说话有什么不符合礼仪规范之处？

## 四、综合实训

模块训练：礼貌服务用语训练

1. 熟练掌握常用礼貌服务用语的训练要点和标准。

2. 两人一组，分别扮演客人和旅游服务人员，模拟实战演练。

（1）模拟正式场合与非正式场合称呼用语的实战演练。

（2）模拟第一次见面时的问候用语的实战演练。

（3）模拟应对各种情景的应答用语的实战演练。

# 项目三

# 旅游服务人员的日常交往礼仪

## 学习目标

**知识目标：**

1. 掌握日常交往的礼仪规范。
2. 熟悉各种社交场合的礼仪规范。

**能力目标：**

1. 能够灵活运用礼仪规范。
2. 能根据不同情境，使用不同的礼仪。

**思政目标：**

1. 促进良好的品德形成。
2. 在实践中提升日常交往礼仪文化素养。

## 案例导入

### 第一次带团

小陈是一名旅游管理专业的大四学生，这个月他到某旅行社实习。在熟悉了门店业务以后，小陈特别想体验一下带团。正好有个国外旅行团将到九寨沟参观游览，旅行社考虑到小陈的英语还不错，就让他作为实习导游和旅行社的金牌导游小李一起带这个团。小陈既激动又紧张，心想，这次一定要好好表现，好好学习，实践出真知，争取多向小李学习一些带团经验。

问题：如果你是小李，在带团前，你会给小陈提前讲些什么注意事项呢？

# 任务一 见面礼仪

交往礼仪，泛指人们在社会交往活动过程中形成的应共同遵守的行为规范和准则。旅游服务人员需要与客人密切接触、交往，日常交往礼仪就变得十分重要。因此，熟悉并很好地掌握和运用各种交往礼仪是对每个旅游服务人员的基本要求。

## 任务分析

本任务主要学习称呼礼仪、问候礼仪、介绍礼仪、握手礼仪和致意礼仪知识。

## 任务准备

各个国家、民族的人在见面时有各种各样的见面礼仪，主要有问候、握手、介绍、点头致意等方式，还有诸如鞠躬、碰面、碰鼻、亲吻等风俗。但无论哪种见面的礼仪，有一点是一致的，那就是表达对他人的敬重。旅游服务人员要为宾客提供优质的服务，更应懂得和了解从业过程中的各种礼仪，第一步便是掌握日常见面礼仪。见面时的礼仪主要包括称呼礼仪、问候礼仪、介绍礼仪、握手礼仪、致意礼仪等。

## 一、称呼礼仪

称呼礼仪是交际礼仪中的基本内容。如何使用称呼、如何用好称呼，往往成为社交活动中的重要问题。得体的称呼是最悦耳的声音，是打开对方心扉的一把钥匙。

称呼恰当、得体，体现对他人的尊重；反之则令人不快、尴尬，甚至伤害别人，也有损自己的礼仪形象。称呼的使用包括尊称、谦称、平称和昵称。公务活动中一般不使用昵称。旅游服务人员在人际交往中应当注意面对不同身份、地位的人用不同的尊称，尽可能谦虚谨慎，表达对对方的尊重。

### （一）使用正确、恰当的称呼

1. 生活中的称呼

生活中的称呼，应当亲切、自然、准确、合理。

（1）尊称。

尊称就是对别人采用恭敬的称呼，以表达敬重之情。一般是对上级、长辈、客人的称呼。使用尊称的方法有以下几种：

1）使用人称敬称。使用人称敬称称呼对方或他方，以表示恭敬和客气。对别人称呼时常用的敬称词是“您”，年纪稍大的可以称“您老”“您老人家”。

2）引用亲属称谓。不是亲属而以亲属称呼，也是一种尊称。年龄相差不大的称呼“大哥”“大姐”；父辈称呼“大伯”“大叔”“大妈”；祖辈称呼“爷爷”“奶奶”等。

（2）谦称。

谦称就是用一种谦卑的称谓称呼自己及亲属、下属。它实际上是通过抑己来表示对别人的尊重。使用谦称的方法主要有：

1）直接谦称。“我”“本人”属于中性的自称。称“鄙人”“在下”，就是谦称。老年人自称“老拙”“老朽”，也是一种谦称。这种称呼一般用于书面语言，口头使用比较少。

2）谦称亲属。谦称自己的亲属，如“家父”“家母”“愚弟”“舍妹”“小儿”等。

3）降辈分称呼。从说话人子女或孙辈角度称呼对方，如“××叔叔”“××阿姨”，一方面表示说话人的谦恭，另一方面在很难使用别的称谓时，用这样的称谓是十分恰当的。

（3）平称。

平称是不表示尊卑的称呼，一般是对同辈、同级、下属的称呼。平称的方法有：

1）姓氏称呼。以姓氏称呼是最常见的一种，如“老王”“小刘”“大李”“阿罗”等。

2）名字称呼。以名字称谓，显得亲切。如“雅君”“文华”“大海”“春花”等。

3）身份称呼。以身份、关系称呼，显得贴切，如“同学”“战友”“队友”“团友”等。

2. 正式场合中的称呼

（1）职务性称呼，即称呼交往对象的职务，比如，张厂长、王经理等。

（2）职称性称呼，即称呼交往对象的职称，如刘教授、徐工程师。在正式的场合中，要在职称的前面加上全名，如张三工程师等。

（3）学衔性称呼，即称呼交往对象的学衔，如黄博士、丁博士等。也可将学衔具体化，以示重视，如金融学博士黄涛等。

（4）职业性称呼，即称呼交往对象的职业，如李医生、王老师、张律师等。此类称呼前均可以加上姓氏或者姓名。

（5）泛尊称，就是在一般较为广泛的社交中，对社会各界人士都可以使用的称呼。如女士、夫人、太太、先生、同志等。

### （二）称呼礼仪的禁忌

1. 替代性称呼

如“那个背包的别走”“那个穿红衣服的过来”等，或者用“嗨”“喂”等称呼人，都是不可取的。

2. 使用错误的称呼

主要由于粗心大意，用心不专。常见的错误称呼有两种：

（1）误读，也就是念错姓名。如姓氏中的“仇（qiú）”“查（zhā）”“盖（gě）”等，可能读错，为了避免这种情况的发生，对于不认识的字，事先要有所准备，如果临时遇到，就要谦虚请教。

（2）误会，主要指对被称呼者的年纪、辈分、婚否以及与其他人的关系做出了错误判断。比如，将未婚妇女称为“夫人”，就属于误会。

3. 使用庸俗低级的称呼

在人际交往中，有些称呼在正式场合切勿使用，如“哥们儿”“姐们儿”“磁器”“死党”“铁哥们儿”等一类的称呼。逢人便称“老板”，也显得不伦不类。

4. 蔑视性称呼

如把老大爷叫“老头”等。对于关系一般者，切勿自作主张给对方起绰号，更不能以道听途说的绰号去称呼对方。还要注意，不要随意拿别人的姓名乱开玩笑。拐子、秃子、罗锅、四眼、傻大个、麻秆儿等蔑视性称呼更不能说。

## 二、问候礼仪

问候，是人们见面时最常用、最简便的礼节。问候是我们向他人表示尊重的一种方式。问候虽然只是打招呼、寒暄或是简单的三言两语，却代表着我们对他人的尊重。

旅游服务人员无论是接待宾客还是与其他人交流，都是从问候开始的。良好和愉悦的问候可以增进双方的好感，使工作顺利进行有一个良好的开端。

### （一）问候的方式

问候的场合不同，问候的方式也不相同。问候的方式分为以下两种：

1. 直接式

所谓直接式问候，就是直接以问好作为问候的主要内容。它适用于正式的交往场合，特别是在初次接触的陌生商务及社交场合，如“您好”“大家好”“早上好”等。

2. 间接式

所谓间接式问候，就是以某些约定俗成的问候语，或者在当时条件下可以引起的话题进行问候，主要适用于非正式、熟人之间的交往。比如“最近过得怎样?”“忙什么呢?”“您去哪里?”等，以此来替代直接式问候。

### （二）问候的态度

问候是敬意的一种表现，态度上一定要注意以下几点：

1. 主动

向他人问候时要积极、主动。同样，当别人首先问候自己之后，要立即予以回应，千万不要摆出一副高不可攀的样子。

2. 热情

向他人问候时要表现得热情、友好、真诚。毫无表情，或者拉着脸、表情冷漠的问候不如不问候。

3. 大方

向他人问候时要大方、专注。矫揉造作、神态夸张或者扭扭捏捏，反而会给人留下虚情假意的坏印象。问候的时候要面含笑意，与他人有正面的眼神交流，以做到眼到、口到、意到，不要在问候对方的时候目光游离、东张西望，这样会让对方不知所措。

### （三）问候的次序

在正式场合，问候一定要讲究次序。

1. 一对一的问候

一对一的问候中，通常是“位低者先问候”，即身份较低者或年轻者首先问候身份较高者或年长者。

2. 一对多的问候

如果同时遇到多人，特别在正式会面的时候，既可以笼统地问候，比如说“大家好”，也可以逐个问候。当一个人逐一问候多人时，可以由尊而卑、由长而幼、由近而远依次而行。

### （四）问候的对象

由于国家、民族、地区的不同，人们的风俗习惯也不尽相同，因此在见面问候的时候，要注意问候对象的习惯，以免造成误会。中国人见面问候习惯用“吃了吗”“上哪儿去”“干什么去”等，这些仅仅是寒暄、打招呼，对于问候的对方是否已经吃饭、去哪儿、干什么等并不真正在意。但是与外国人打招呼的时候，要尽量避免使用这些中国式的问候语。与日本人打招呼，最常用的是“您好”“请多关照”等；而与泰国、缅甸等国家信奉佛教的人们打招呼的时候，第一句话是“菩萨保佑”。

## 三、介绍礼仪

介绍是人与人沟通的起点，对于旅游服务人员来说，做好介绍这一重要的环节，可以结识旅游者，也可以达到展示自我、宣传企业良好形象的作用。相互介绍是社交中常见且重要的一环。

### （一）自我介绍

做自我介绍的时候，语言要平和，切记不可过分炫耀、标榜自己。介绍前要做好准备工作，不可一边想一边说，没有逻辑。在做自我介绍的同时，也要牢牢记住别人的名字，以示尊重。

1. 自我介绍的形式

自我介绍时应先向对方点头致意，得到回应后再向对方介绍自己的姓名、身份、单位等。自我介绍的具体形式如下：

（1）应酬式。

适用于某些公共场合和一般性的社交场合，这种自我介绍最为简洁，往往只包括姓名一项即可。如：“你好，我叫张强。”“你好，我是李波。”

（2）工作式。

适用于工作场合，包括本人姓名、供职单位及部门、职务或从事的具体工作等。如：“你好，我叫张强，是金洪恩电脑公司的销售经理。”

（3）交流式。

适用于社交活动中，希望与交往对象进一步交流与沟通，应包括介绍者的姓名、工作、籍贯、学历、兴趣及与交往对象的某些熟人的关系。如：“你好，我叫张强，我在××公司上班。我是李波的老乡，都是北京人。”

（4）礼仪式。

适用于讲座、报告、演出、庆典、仪式等一些正规而隆重的场合，包括姓名、单位、职务等，同时还应加入一些适当的谦辞、敬辞。如：“各位来宾，大家好！我叫张强，是××公司的销售经理。我代表本公司热烈欢迎大家光临我们的展览会，希望大家……”

（5）问答式。

适用于应试、应聘和公务交往。问答式的自我介绍，应该是有问必答，问什么就答什么。如：“先生，你好！请问您怎么称呼？（请问您贵姓？）”“先生您好！我叫张强。”主考官问：“请介绍一下你的基本情况。”应聘者：“各位好！我叫李波，26 岁，河北石家庄市人，汉族，……”

2. 自我介绍的注意事项

（1）讲究态度。

自我介绍的时候，态度一定要自然、友善、亲切、随和。应该落落大方、彬彬有礼，不能唯唯诺诺、虚张声势，要表示出自己渴望认识对方的真实情感。如果在自我介绍中，你流露出胆怯和紧张，结结巴巴，目光不定，手忙脚乱，则会为他人所轻视，彼此间的沟通也会出现阻隔。

（2）注意时机。

在做自我介绍的时候，要抓住时机，在适当的场合进行自我介绍。比如在对方有空闲，而且情绪好又有兴趣的时候，这样就不会打扰到对方。

（3）注意时间。

自我介绍的时候要简洁，言简意赅，尽可能地节省时间，以半分钟左右为佳，不宜超过一分钟，而且越短越好。话说得多了，会显得啰唆，交往的对象也未必能一下子记住那么多的信息。为了节省时间，还可以利用名片、介绍信等加以辅助。

（4）注意方法。

进行自我介绍时，应先向对方点头致意，得到回应后再向对方介绍自己。如果有介绍人在场，就不需要进行自我介绍。如果你想认识某一个人，最好先获得一些有关他的资料或者情况，比如性格、特长、爱好等，这样在自我介绍时，就会容易展开融洽的交谈。

### （二）他人介绍

在社交场合与别人相识的时候，经常会有需要由他人来做介绍的情况。他人介绍，又称第三者介绍，是经第三者为彼此不相识的双方引见、介绍的一种交际方式。他人介绍通常是双向的，即对被介绍双方各做一番介绍；有时是单向的，即只将被介绍者中的某一方介绍给另一方。

1. 他人介绍的顺序

（1）介绍上级与下级认识时，应先介绍下级，后介绍上级。

（2）介绍长辈与晚辈认识时，应先介绍晚辈，后介绍长辈。

（3）介绍年长者与年幼者认识时，应先介绍年幼者，后介绍年长者。

（4）介绍女士与男士认识时，应先介绍男士，后介绍女士。

（5）介绍同事、朋友与家人认识时，应先介绍家人，后介绍同事、朋友。

（6）介绍来宾与主人认识时，应先介绍主人，后介绍来宾。

（7）介绍与会先到者与后来者认识时，应先介绍后来者，后介绍先到者。

2. 他人介绍的方式

他人介绍的方式有以下几种：

（1）一般式：也称标准式，以介绍双方的姓名、单位、职务等为主，适于正式场合。

（2）简单式：只介绍双方姓名一项，甚至只提到双方的姓氏而已，适用一般的社交场合。

（3）引见式：介绍者所要做的是将被介绍双方引到一起即可，适用于普通场合。

（4）推荐式：介绍者经过精心准备后将某人举荐给对方，介绍时通常会对被推荐人的优点加以重点介绍，适用于比较正规的场合。

（5）礼仪式：是一种最为正规的他人介绍，适用于正式场合。其语气、表达、称呼上都更为规范和谦恭。

3. 他人介绍的注意事项

（1）介绍者为被介绍者介绍之前，一定要征求被介绍双方的意见，切勿上去开口即讲，让人措手不及。

（2）被介绍者在介绍者询问自己是否有意认识某人时，一般不应拒绝，而应欣然应允。实在不愿意时，则应说明理由。

（3）为他人做介绍时，手势动作要文雅，无论介绍哪一方，都应该手心朝上，四指并拢，拇指张开，指向被介绍的一方，并向另一方点头微笑。必要时，可以说明被介绍的一方与自己的关系，以便新结实的朋友之间相互了解和信任。

（4）在介绍时，除了女士和长者之外，其余的人都应当站立起来。但是若在会谈进行中或者是宴会等场合，欠身致意即可，不必起身。

（5）他人介绍时，语言要简洁，表达要完整。介绍的时候应该特别注意称呼有礼，通常的做法是连名带姓加上尊称敬语。不可以只称呼名字，而不称呼姓氏，也不可给人一种厚此薄彼的感觉。还要注意语言、语调、语速等，应态度认真、热情友好、表述清晰。

（6）介绍完毕后，被介绍者双方应依照合乎礼仪的顺序握手，并且彼此问候。问候语有“你好”“很高兴认识你”“久仰大名”“幸会幸会”，必要时还可以进一步做自我介绍。

（7）由他人介绍的时候，自己处于被介绍的当事人之中，如果作为身份高者被介绍后，应立即主动与对方握手，表示很高兴与之相识。如果作为一般身份的人，当未被介绍给对方的时候，应该耐心等待。

（8）经介绍与他人相识时，不要有意拿腔拿调，或是心不在焉；也不要低三下四、阿谀奉承地去讨好对方。

## 四、握手礼仪

握手是商务活动中见面、接待、迎送时常见的礼节，如果应用得当，能使别人增加对你的信赖感，而且在不经意的举手投足之间，显示出你的教养。握手不仅用于见面问候和告辞，还可作为表达祝贺、感谢、鼓励、安慰等感情的礼节，现已在社交中广泛应用。

### （一）握手的标准动作

握手时，距对方约一米远处，上身稍向前倾，两足立正，伸出右手，四指并拢，虎口相交，拇指张开，握住对方的手，上下稍晃动三四次，随即松开手。

掌心向下握住对方的手，显示着一个人强烈的支配欲，无声地告诉别人自己此时处于高人一等的地位，应尽量避免这种傲慢无礼的握手方式。相反，掌心向里同他人的握手能显示出谦卑与毕恭毕敬。如果伸出双手去捧握，则更显得谦恭备至。平等而自然的握手姿态是两手的手掌都处于垂直状态，这是一种最普通也最稳妥的握手方式。

与他人握手时，神态要专注、热情、友好、自然，面带笑容，目视对方双眼，同时向对方问候。握手时不要看着第三者，更不能东张西望，这都是不尊重对方的表现。军人戴军帽与对方握手时，应先行举手礼，然后再握手。

### （二）握手的时机

什么时候适合行握手礼？这是一个复杂而微妙的问题，它通常取决于交往双方的关系、现场的气氛以及当事人个人的心情等多种因素。比如，向他人表示恭喜、祝贺的时候，应与之握手，表示贺喜之敬意；当他人给予了自己一定的支持、鼓励或者帮助时，应主动行握手礼，表示衷心感谢等。在握手之前，一定要注意观察，审时度势，留意握手的信号，选择恰当的时机，要避免出手过早或者几次伸手握手均不成功的尴尬局面。还应记住，有些场合是不必握手的，如对方的手受伤、负重、忙于其他事，或者对方在打电话、用餐、主持会议等，就不必上前握手。

### （三）握手的顺序

在比较正式的场合，行握手礼时需要掌握谁先伸手的原则。

1. 身份不同时，遵循“尊者先伸手”的原则

身份不同的时候，一般应由位尊者先伸出手来，位卑微者予以响应，而不能贸然抢先伸手。男女之间，男方要等女方先伸手后才能握手，如女方不伸手，无握手之意，可点头或鞠躬致意。宾主之间，主人应向客人先伸手，以示欢迎。长幼之间，年幼者要等年长者先伸手。上下级之间，下级要等上级先伸手。多人同时握手时切忌交叉，要等别人握完后再伸手。

2. 身份相同时，伸手快者更有礼

身份相同的时候，对于谁先伸手，没有次序上的严格规定。一般谁伸手快，谁更有礼貌。同时，祝贺对方、感谢对方、宽慰对方时，应主动伸手，以表示真心诚意。

### （四）握手的力度

握手时用力要适度。为了表示热情友好，握手时应当稍许用力，但以不握痛对方的手为限度。在一般情况下，握手不必用力。男子与女子握手不能握得太紧，西方国家的人往往只握一下女士的手指部分，不过老朋友可以例外。但是也不可以握得太轻，会给对方一

种缺乏热情的感觉。

### （五）握手时间的长短

握手时间的长短反映了握手双方的亲密程度。初次见面者，一般应控制在 3 秒钟以内，切忌握住异性的手久久不松开。即使握同性的手，时间也不宜过长。握手时间过短，会被人认为傲慢冷淡，敷衍了事，也是不合礼仪的。老朋友、关系亲近的人握手的时间可以长一些。

### （六）握手的禁忌

（1）握手时不要一句话不说，也不可长篇大论、点头哈腰、过分客套。

（2）握手时不要用左手，即使你是左撇子，也要用右手。

（3）男士在握手前应先脱下手套、摘下帽子，女士可以戴着手套，特别是在晚会穿着晚礼服时。

（4）在任何情况下拒绝对方主动要求握手的举动都是无礼的。但手上有水或手不干净时，应谢绝握手，同时必须解释并致歉。

## 五、致意礼仪

致意就是用语言或者行为向别人表示问候、尊重、敬意。它通常是在迎送、被别人引荐、拜访时，以及相识的人或只有一面之交的人再见面时的一种礼节。旅游服务人员在很多场合下都需要用到致意礼仪。

### （一）致意的方式

1. 点头致意

点头致意，即微微点头，以表示对他人的礼貌。适用于不便于和对方直接交谈、比较随意的场合。比如在会议会谈进行中、路上行走时都可以点头致意。经常见面的朋友、同事、熟人之间在公众场合相遇时，也可以点头致意。

2. 起立致意

在社交活动中，当领导、嘉宾到场，或者坐着的晚辈、下级见到长辈、上级到来或离开，坐着的男子见到站立的女子的时候，需要起立致意。起立致意一般用于较正式的场合。

3. 举手致意

举手致意，一般用于向距离比较远的同事、朋友打招呼。

4. 微笑致意

微笑致意适用于相识者或只有一面之交者在彼此距离较近但不适宜交谈或无法交谈的场合。微笑致意可以不做其他动作，只是两唇轻轻示意，不必出声，即可表达友善之意。微笑如与点头结合起来表示致意，效果则更佳。

5. 脱帽致意

脱帽致意，一般是用于朋友、熟人见面时的一种礼节。在戴帽子进入他人居室、路遇熟人、与人交谈、进入娱乐场所、升降国旗、演奏国歌等情况下，应行脱帽致意礼。脱帽致意应微微颔首欠身，使用离对方稍远的那只手脱帽。脱帽致意时，另一只手不能插在口袋里。坐着时不宜脱帽致意。

### （二）致意的注意事项

（1）致意的顺序遵循“尊者为上”的原则，即在各种场合，男士应该向女士致意、年轻者应该向年长者致意、学生应该向老师致意、下级应该向上级致意。

（2）遇到对方向自己致意，应该及时回礼致意，否则就显得失礼。

（3）遇到身份较高者，一般不应该立即起身向对方致意，应在对方的应酬告一段落后，再上前致意。女士一般不先向异性致意，唯有遇到长辈、上级、老师以及见到一群朋友时，才可以先向他们致意。

## 任务实施

将学生分组，分别按照以下情景进行模拟训练：

（1）导游小李接待一个探亲旅游团队，共计 10 人，该团队平均年龄在 65 岁以上，请按见面礼仪规范进行模拟训练。

（2）5 人为一组，进行客户来访的接待练习，主要模拟旅游者、服务人员等不同的角色在见面交往中各自的礼仪规范。

（3）3 人为一组，模拟扮演不同的角色，轮换进行自我介绍和他人介绍的训练。

# 任务二 人际交往礼仪

## 任务分析

本任务主要学习常用的交际礼仪规范和几种主要社会关系的礼仪规范。

## 任务准备

社会学将人际关系定义为人们在生产或生活活动过程中所建立的一种社会关系。心理学将人际关系定义为人与人在交往中建立的直接的心理上的联系。概括而言，人际关系即人与人交往关系的总称，也被称为“人际交往”，包括亲属关系、朋友关系、学友（同学）关系、师生关系、雇佣关系、战友关系、同事关系等。人是社会动物，人际关系对每个人的情绪、生活、工作有很大的影响，并且对组织气氛、组织沟通、组织运作、组织效率及个人与组织的关系均有极大的影响。

# 一、常用的交际礼仪规范

## （一）交谈礼仪

1. 交谈礼仪的原则

（1）认同原则。

交谈过程中，首先要对所谈论的内容表示认同，如“你说得对”“其实我们的目的是一样的”“我很欣赏你的这种提法”等，还要用目光认同对方，只有建立在相互认同、观点统一的基础上，谈话才能够继续下去。

（2）赞赏原则。

“凡是我所遇见的人都有比我优秀之处，我要向他学习。”在交谈的过程中要适时地赞赏对方，表现出你很欣赏对方。赞赏的技巧有：要真诚、真实、由衷地赞赏；面对面地称赞；把握好度，有分寸感；能准确地说出对方的优点、称赞对方的成就；等等。赞赏对方的时候，要做到实事求是、内容具体、恰如其分。

2. 交谈礼仪的语言要求

（1）善于使用谦辞、敬语，使用恰当的称呼，有礼貌地进行询问，善于使用“请”字。

（2）做到谈吐文雅得体。工作时使用文雅的语言，能够体现旅游服务人员的文化素养和个人素质。在人们交流中，言谈用词要文雅，比如“先生，请让一下”“您找哪一位”“真对不起，我确实不能来”等，杜绝蔑视语、烦躁语、斗气语。

（3）把握好说话的语气、语调。

（4）要做到眼到、口到、意到。要有目光交流，要有表情，落落大方，不卑不亢。

3. 交谈的技巧

（1）就地取材好开头。

交谈开始的时候要先寒暄，可以选择从赞美对方开始，也可以聊聊对方和自己的籍贯、毕业学校、所学专业等，避免单刀直入，使人反感。

（2）适当问答。

旅游服务人员在交谈询问的时候，应该注意以下几个方面的问题：一是视对象而问，即要了解所要询问的对象；二是要多使用开放式的问题；三是询问时的态度要谦逊；四是询问的时候最好不要涉及机密或者询问对象的隐私，以免造成尴尬。对于对方的提问能够恰当回答，特别是回答对方提出的有意刁难的问题时，要显示出旅游服务人员的内涵、风度以及聪明才智。

（3）不要随意打断对方。

不轻易打断、纠正、质疑对方，要及时给予对方回应，不显得烦躁，适时表达自己的意见，并配合表情和恰当的肢体语言，切记不可做出虚假的反应。

（4）尽量少讲自己。

在交谈的过程中，要尽量少用“我”，少说“我如何如何”，应尽量多关注对方，多谈一些对方感兴趣的或者大家共同感兴趣的话题。

（5）学会倾听。

倾听是对他人最基本的尊重，不仅能够获得更多的信息，还能更好地理解他人的想法。倾听的三大原则：耐心、关心、避免先入为主。

不好的倾听习惯表现在：喜欢批评、打断对方；注意力不集中；表现出对话题没有兴趣；没有目光的交流；反应过于情绪化；只为了解事实而听等。

好的倾听习惯表现在：能够了解对方的心理；集中注意力；创造谈话兴趣；观察对方的身体语言；辨析对方的意思并给予及时反馈；听取对方的全部意思等。

4. 交谈的内容

对于旅游服务人员来说，由于要时刻与旅游者进行直接沟通，随时交谈是免不了的。交谈中选择合适的话题非常重要，要用大家都听得懂的语言，讲大家都可以参加进来的内容，可以谈论中性的话题，比如天气、艺术、体育等。

交谈中适宜选择的话题主要包括：格调高雅的话题；轻松愉快的话题（时尚、名胜、美食、天气等）；对方擅长的话题（向对方请教、让对方表现等）。

交谈中有一些话题是不应该涉及的。例如：非议国家和政府；国家秘密和行业秘密；客人的内部事务；议论同事、领导；格调不高的话题（花边新闻、小道消息等）；个人隐私的话题（五不问：收入、年龄、婚姻家庭状况、健康状况、个人经历）。

5. 交谈时的禁忌

在与人交谈的过程中，切忌以下几点：夸夸其谈，说大话，旁若无人，喋喋不休；以自我为中心；说话唠唠叨叨；总是与人争辩、指责，恶语相向；行为失礼，心不在焉，手舞足蹈等。

### （二）电话礼仪

电话是现代生活中最常见的通信工具。在日常生活中，我们往往能够通过电话粗略地判断对方的人品、性格。因而，掌握正确的、礼貌待人的电话礼仪是非常必要的。

1. 打电话礼仪

打电话时，需要注意以下几点：

（1）选好时间。

打电话时，如果不是特别重要的事情，尽量避开对方休息、用餐的时间，而且最好不要在节假日的时候打扰对方。

（2）掌握通话时间。

打电话之前，最好先想好要讲的内容，以便节约通话时间，不要一边想一边说，“煲电话粥”。通常一次通话时间不应该长于3分钟，即所谓的“3分钟”原则。

（3）态度友好。

和别人通话的时候，语气要柔和，语调要平稳、不尖锐，不能给人以压迫感，要时刻保持态度友好。

（4）语言规范。

在和别人通话之初，要先做自我介绍，不要让对方“猜一猜”等。请别人找人或者代转电话时，应该有礼貌地说“劳驾”或者“麻烦您”等用语。

（5）姿势规范。

打电话的时候，最好用手拿着话筒，尽量不要把话筒夹在脖子上，或者抱着电话机随意走动，或者做一些不雅的动作。尽量不要边打电话边吃东西，这是非常不礼貌的行为。

（6）控制音量。

话筒和嘴要保持3厘米左右的距离，声音宁小勿大，不要大喊大叫。

2. 接电话礼仪

接听电话的时候，不可以太随便，要讲究必要的礼仪和一定的技巧，以免横生不必要的误会。应该做到语调热情、大方自然、声量适中、表达清楚、简明扼要、文明礼貌等。

（1）及时接电话。

一般来说，在办公室里，电话铃响三遍之前就应该有人接听，六遍后再接听应该向对方道歉："对不起，让您久等了。"如果受话人正在做一件非常重要的事情而不能及时接听，代接的人应该代为妥善解释。尽快接电话会给对方留下好的印象，让对方觉得自己是被看重的。

（2）确认对方。

对方打来电话，一般会主动介绍自己。如果没有介绍或者没有听清楚对方的介绍，就应该主动问："请问您是哪位？""我能为您做什么？""您找哪位？"如果对方找的人在旁边，应该说"请稍等"，然后用手掩住话筒，轻声招呼同事接电话。如果对方找的人不在，应该告诉对方，并且问："需要留言吗？我一定帮您转告。"

（3）讲究艺术。

在接听电话的时候，要把耳朵贴近话筒，仔细倾听对方的讲话。用左手接听电话，右手边准备一些纸笔，便于随时记下有用的信息。最好是在对方挂电话之后再挂电话。轻轻把话筒放好，不可"啪"的一下扔回原处，这是非常不礼貌的行为。

（4）调整心态。

当拿起电话听筒的时候，一定要面带笑容。亲切、温柔的声音会使对方马上对接听者产生良好的印象。

（5）处理投诉电话的技巧。

1）平定自己的情绪。

在接到投诉电话的时候，首先要平定自己的情绪。要耐心地聆听对方的讲话，尽量少插话，慢慢地平复对方的情绪。听到恶言恶语的时候，千万不能急躁，要真诚地表示道歉，显示出知错的诚意，并让对方感受到。

2）诚恳地解决问题。

在听完对方抱怨之后，要主动表示出解决问题的态度，及时应对问题，提出解决的办法。最后，愉快地和对方结束通话。

3. 手机礼仪

随着手机的日益普及，手机礼仪越来越受到人们的广泛关注。使用手机时，需要注意以下几点：

（1）遵守公共秩序。

使用手机时不允许有意无意地破坏公共秩序。不允许在楼梯、电梯、路口、人行道等人来人往的地方旁若无人地使用手机；不允许在要求"保持肃静"的公共场合，如音乐厅、影剧院、展览馆等地方大张旗鼓地使用手机；不允许在聚会期间，如开会、上课、会谈等时候使用手机，最好把手机调到振动状态或直接关机。

(2) 自觉维护安全。

不管业务多忙，为了自己和其他人的安全，不要在驾驶汽车的时候使用手机，以保证安全驾驶；不要在加油站使用手机，以免手机所发出的信号引发火灾、爆炸；不要在飞机起飞和飞行期间使用手机。

(3) 注意手机置放位置。

在公共场合中，手机应放在适当的位置。当不使用手机的时候，不要将手机拿在手里、挂在腰间或者胸前，应该放到随身携带的包里或者上衣的口袋里。与别人交谈的时候，应将手机放在不起眼的地方，也可以放在手袋里。

## 二、几种主要社会关系的礼仪规范

### （一）朋友交往的礼仪

古人云："学而无友，则孤陋而寡闻。"英国哲学家培根说："得不到友谊的人将是终生可怜的孤独者，没有友情的社会则只是一片繁华的沙漠。"我们的生活当中不乏朋友，包括学业上的、事业上的、生活上的、网络上的。朋友能给人安慰与关怀，给人信心与力量，在人生旅途上帮助我们度过最艰难的岁月。朋友能扩大我们的生活领域，使我们能更深刻地认识这个世界。既然朋友在生活中的地位如此重要，我们在与朋友交往时就应该讲究礼仪，切不可随随便便。

1. 朋友交往的基本礼仪

(1) 直率诚实地交谈。

朋友之间交谈不应隐瞒自己的想法，相互信任，肝胆相照，这样才能深化友谊。这是朋友间真诚相待、关系融洽的基本表现。

(2) 对朋友的诉说要耐心倾听。

当朋友遇上挫折、碰上烦恼时，能够真诚、耐心地倾听对方的诉说，这样会使对方觉得朋友间的情感是真正的依靠，更加深了彼此间的友谊。

(3) 相互尊重，言而有信。

朋友间说话一定要守信，只有这样才能取得别人的信赖，得到他人的尊重。

(4) 不要单纯地追求功利性的交往。

如果朋友之间一味地追求功利性的交往，这样的友谊是不会长久的。

此外，要在朋友最需要的时候提供帮助，不宜将朋友太过于理想化，和朋友之间的交往次数和距离要保持适度，朋友之间交往也要学会说"不"等。

2. 朋友交往的禁忌

(1) 忌势利眼、功利心太重。

趋炎附势或者等价交换利益的势利之人，是真正的朋友所不齿的。朋友之间交往，不可否认会有功利心的因素，但是功利心太重，这种朋友关系肯定是不能持久的。

(2) 忌不信任。

信任是对待朋友真心真意的友善表现，是对朋友的真诚和尊重。如果总是"人心隔肚皮"，不敢付出自己的真心，就得不到朋友的理解和帮助，也得不到真正的朋友。

（3）忌不算账。

俗话说："亲兄弟，明算账。"朋友之间相互帮助在所难免，也总免不了牵涉经济问题。借款借物，好借好还。朋友之间交往，在经济上一定要分清彼此。

此外，与朋友相处过于随意，存有嫉妒心、攀比心，或随便曝光朋友的隐私等行为都是朋友交往中的禁忌，都会破坏好不容易建立起来的友谊关系。

### （二）同事交往的礼仪

同事是与自己一起工作的人，是与我们接触最多的人。与同事相处得如何，直接关系到自己的工作、事业的进步与发展。同事关系恰恰又最难处理。除了工作之间的关系外，同事之间还掺杂着人事升迁、酬劳多少等利益关系，这些都免不了会产生摩擦和矛盾。

1. 同事交往的基本礼仪

（1）尊重同事，不可在背后议论同事。

相互尊重是处理好任何一种人际关系的基础，同事之间也不例外。所以为了自己，为了更好地工作，要尊重同事，不在背后随便议论别人。

（2）经济上的往来要清楚明白，特别是相互借钱、借物或者馈赠礼品等物质上的往来。

（3）与同事相处要有度量，对同事的困难要表示关心。

同事之间经常相处，一时的失误在所难免。如果出现失误，应主动向对方道歉，征得对方的谅解；对同事的错误和误解要能容纳；同事有困难，应主动询问，对力所能及的事应尽力帮忙。

（4）在办公室里举止要庄重、文明。

要注意保持良好姿态，不要将脚搭在办公桌上，也不要斜身倚靠办公桌，更不能坐在办公桌上面，尽量不在办公室里吃东西。谈话时注意保持距离，应以 1 米左右为宜，过近会令对方（尤其是异性）不自在。

（5）注意同事交往的语言分寸。

不要人云亦云，要学会发出自己的声音；不要把办公室里与人交谈当成辩论比赛；不要在办公室炫耀自己；更不要在办公室互相诉说心事等。

2. 同事交往的禁忌

（1）忌拉帮结派、传播小道消息。

涉及工作问题要公正，有独立的见解，办公室内切忌私自拉帮结派，形成小圈子，这样容易引发其他同事的对立情绪。更不能散布小道消息，或者在别人背后闲言碎语。

（2）忌满腹牢骚、逢人诉苦。

即使遇到挫折、饱受委屈、得不到上司的信任，也不要牢骚满腹、怨气冲天，见人就说。这样不仅不能让事情有所改变，还会给周围同事带来负面消极的情绪，时间久了，同事也会嫌弃你。

（3）忌故作姿态。

在办公室，无论是装扮还是举止言谈，切忌太过前卫，给人以怪异的印象，这样容易被人认为没有实际工作能力。

（4）忌趋炎附势、过分表现。

倘若在上司面前过分表现自己，办事积极主动，溜须拍马，而在同事或下属面前推三阻四、爱理不理，一副予人恩惠的脸孔，长此以往，会遭到同事的孤立。

### （三）上下级交往的礼仪

上下级关系，是人际关系中最主要的一种关系，这种关系协调、和谐，有利于推进工作、增加团队凝聚力，也有利于个人的成长和进步。

1. 上级对待下级的交往礼仪

在生活中常常看到许多做领导的大呼小叫、颐指气使，对下级动辄训斥，认为这样才能显示自己的权威。其实，这是不懂得上下级交往的礼仪规范。上级对下级要以礼相待，要礼遇下级，要给予下级足够的面子。

上级对待下级的礼仪规范主要表现在：利益上公平公正、态度上平等、管理上宽严适度。

2. 下级对待上级的交往礼仪

（1）完成上级交代的任务。

出色地完成上级交给的任务，是对上级最大的支持。所以，作为下级，要尽职尽责、积极主动、出色地做好本职工作，不可故作姿态、故意张扬，要以自己的精明才干和出色的人品奠定与上级和谐共事的基础。

（2）尊重上级。

一方面，要尊重上级的意见，即使与自己的想法不符，也应按上级的安排去做，这关系到工作，也关系到下级的最基本的礼貌态度。即使上级的意见确实不妥，也不要当众唱对台戏，让上级下不来台，这是一种严重的失礼。另一方面，在上级面前要注意自己的仪表仪态。在上级面前不拘小节，在工作场合喊叫上级的小名、诨名，以示与上级的亲密程度，这些都是非常失礼的行为。

（3）学会借上级的权力做好自己的工作。

下级相对来说没有权力或权力小于上级，但要学会“借”，即加强请示汇报，让上级了解自己、理解自己、支持自己。有了上级的理解和支持，很多问题就可以迎刃而解，工作起来将会更加顺利。

### （四）异性交往的礼仪

异性交往是旅游服务人员日常生活中的基本内容。常言道：“男女搭配，干活不累。”得体的异性关系能使人们在工作中获得愉快的心情。异性间的交往，首要的是有一个正常的心态。异性交往要大方、自然、有礼貌、有分寸，表现得拘谨、冷淡或过于热情，都是不恰当的。旅游服务人员在与异性交往中，要遵守一些基本礼仪。

1. 异性交往中女士的礼仪规范

（1）庄重、沉稳，不可轻浮、随便。

不论与什么样的男士交往，都要保持庄重的态度，这是有教养、有知识的女性共有的特点，也是礼仪修养的基本要求。

（2）注意把握分寸。

即使是熟悉的人，或者关系亲密的人，在公共场合交往时，也不要表现出亲密无间的样子，以免让别人产生错觉，留下难以挽回的不良印象。

（3）时刻保持清醒的头脑。

女士得到男士的照顾是很常见的事情，但是一定要保持清醒的头脑，弄清楚男士是出于礼仪还是另有其他目的，不可把男士的照顾视为理所当然，应适时表示感谢。

（4）光明正大，自强不息，不矫揉造作、装腔作势。

女士不要轻易给男士增添麻烦或造成额外的负担，也不要随便接受男士的邀请或约会，更不要经常让男士花钱请客。与异性交往表现出矫揉造作、卖弄风情的样子，会招致对方的厌恶。

2. 异性交往中男士的礼仪规范

（1）正直、正派。

照顾女士要遵守相关礼仪，具体做法要根据当时当地的客观情况恰当处理，原则上要把国际通行的礼仪要求和中华民族的文化传统、风俗习惯结合起来。

（2）讲信誉。

男士要把信誉放在第一位，说话算数，办事负责，工作认真，与女士交往要谦虚和气、有礼貌、有责任感，这样才能取得女士的信任。

（3）注意仪容仪表。

男士在社会交往中，不要过分追求外表的光鲜，油头粉面会让人产生厌恶的感觉；蓬头垢面、不修边幅，纵是美男子也会令人敬而远之。所以男士在与异性交往的时候，要注意自己的仪容仪表。

（4）大度，不斤斤计较。

大度是男士最突出、最重要的特征之一，从大处着眼，目光远大，胸怀大志，不计较小是小非，宽厚待人，这样才能赢得周围人们的好感，更会获得女士的赞赏。

（5）把握交往的“度”。

男士应当具有绅士风度，要礼让女士，为女士提供一些力所能及的帮助。但对于一些不合情理的要求，应当婉言拒绝。把握好男女交往的正常尺度，行为上不暧昧、不越线；语言得体而慎重，不讲粗俗和不适宜的话题。

**小案例**

### 好事为何变坏事?

一位先生要为一位外国朋友订做生日蛋糕。他来到一家酒店的餐厅，对服务员说：“我要为一位外国朋友订一个生日蛋糕，同时写一份贺卡，你看可以吗?”服务员接过订单一看，忙说：“请问先生，您的朋友是小姐还是太太?”这位先生也不清楚这位外国朋友结婚没有，他为难地抓了抓后脑勺，想了想说：“小姐？太太？一把岁数了，太太。”生日蛋糕做好后，服务员按照地址到酒店客房送生日蛋糕，敲门，一名女子开门，服务员有礼貌地说：“请问您是怀特太太吗?”女子愣了愣，不高兴地说：“错了!”然后关上了门。服务员丈二和尚摸不着头脑，抬头看看房间号，没错，于是再次敲门。开门，服务员说：“没错，怀特太太，这是您的蛋糕。”那位女子大声说：“告诉你错了，这里只有怀特小姐，没有怀特太太!”“啪”一声，门被用力关上，蛋糕掉地。

问题：生日蛋糕为什么被拒绝?

## 任务实施

分小组完成人际交往礼仪训练：

（1）一位客人给酒店打电话咨询房价，然后预订了两间标准间。请按照电话的礼仪规范进行情景模拟。

（2）给出一些交谈的话题，每组分别选择一个话题进行交谈训练，并相互交流感想。老师观察学生交谈细节，指出不足之处。

# 任务三 迎送国际宾客礼仪

## 任务分析

本任务主要学习官方迎送及民间、一般客人的迎送礼仪知识。

## 任务准备

涉外礼仪是人们在国际交往中形成和习惯使用的一种行为规范和行为方式。许多涉外活动，往往是通过各种交际礼宾活动进行的，如迎送、会见、会谈、宴请等。涉外接待活动是否符合国际礼宾惯例，将直接关系到我国旅游事业在国际上的声誉，关系我国的外交形象和尊严。

迎来送往是常见的社交礼节。在国际交往中，对外国来访的客人，通常均视其身份和访问性质，以及两国关系等因素，安排相应的迎送活动。随着国际交往日益密切，越来越多的外宾来访我国，如何迎送好外宾是一项非常重要的工作。

## 一、官方迎送

### （一）接待准备

1. 确定迎送的规格

对来宾的迎送规格，各国做法不尽一致。确定迎送规格，主要依据来访者的身份和访问目的，适当考虑两国关系，同时要注意国际惯例，综合平衡。

一般来说，迎送活动分两种规格：

（1）隆重迎送。

一般适用于各国对外国国家元首、政府首脑的正式访问。对军方领导人的访问，也举行一定的欢迎仪式，如安排检阅仪仗队等。

（2）一般迎送。

一般迎送适用于一般人员的访问。通常情况下，对一般代表团和人员的访问，原则上是不举行迎送仪式的。然而，对应邀前来访问者，无论是官方人士、专业代表团，还是民间团体、知名人士，在他们抵离时，均安排相应身份人员前往机场（车站、码头）迎送。对长期在本国工作的外国人士和外交使节、专家等，他们到离任时，各国有关方面亦安排相应人员迎送。主人身份要以与客人相差不大，同客人对口、对等为宜。其他迎送人员不宜过多。有时还可以从发展两国关系或当前形势需要出发，采用破格接待，安排较隆重的迎送场面。

2. 掌握外宾抵达和离开的时间

必须准确掌握来宾乘坐飞机（火车、船舶）抵离的时间，及早通知全体迎送人员和有关单位。由于天气变化等意外原因，飞机、火车、船舶等可能不准时到达的，如有变化，应及时通知。一般大城市的机场离市区较远，既要顺利地接送客人，又不过多耽误迎送人员的时间，就要准确掌握客人的抵离时间。

迎接人员应在飞机（火车、船舶）抵达之前到达机场（车站、码头）。要事先掌握飞机停机位置（出口的门号），列车停靠的月台、车厢号码，船舶停靠的码头，以免到时候来回奔跑或接空。送行则应在客人登机（乘车、乘船）之前抵达（离去时如有欢送仪式，则应在仪式开始之前到达）。如客人乘坐班机离开，应通知其按航空公司规定时间抵达机场办理有关手续（身份高的客人，可由接待人员提前前往代办手续）。

### （二）迎送的礼仪规范

1. 迎送的献花礼仪规范

献花适用于礼遇较高的外宾，迎接普通外宾一般不需要献花。

如安排献花活动时，需注意：

（1）须用鲜花，并保持花朵整洁、鲜艳。要根据来访国的习惯选购鲜花，一般忌用菊花、杜鹃花、石竹花和黄颜色的花。

（2）通常由女青年或少年儿童在主人和客人握手后，将花献上。

（3）要注意花的安全（必要时可请公安部门检查有否爆炸物），购花后做到花不离人。

（4）指定专人负责执行此项活动，必要时，要事先让献花者进行排练。

2. 迎送的礼宾介绍礼仪规范

外宾与接待人员见面时应该互相介绍。礼宾介绍时，通常先将前来欢迎的中方主人介绍给来宾，职位从高到低，首先将中方前来欢迎的主要领导（职务及全称）介绍给来宾，其他领导可简明扼要地介绍。可以由礼宾交际工作人员或者其他接待人员介绍，也可以由迎接人员中职位较高的人介绍，有时候也可以做自我介绍。客人初次到访，一般较为拘谨，主人应主动与客人寒暄问好。当客人下机（车、船）后，迎接人员要主动迎上前去表示欢迎。

3. 迎送礼仪中的其他注意事项

（1）迎送贵宾时，应事先在迎送地安排贵宾休息室，准备饮料。

（2）如客人首次来访，双方又不认识，则应事先联系好或做一特定标识牌，方便对方辨认。

（3）应安排汽车，预订住房。如有条件，在外宾到达之前应将住房地点、用膳方式、日程安排、联络方式以及联络人等相关事宜通知到具体外宾。如果实在没有条件，也可以将一系列事项打印好，分发给每一位外宾，让外宾心中有数，配合相关工作人员工作，以免造成混乱。

（4）应指派专人协助办理出入境手续及票务、行李提取和托运手续等。

（5）客人抵达后，一般不要马上安排活动，应让客人稍事休息，起码应给客人留下更衣时间。

（6）整个活动应安排得热情周到，有条不紊，使外宾有“宾至如归”的感觉，不应有冷淡、粗心和怠慢客人的现象发生。

## 二、民间、一般客人的迎送

### （一）对民间团体的迎送

迎送民间团体客人，不举行官方的正式仪式，同时民间团体的访问多具有特殊性和专业目的性，所以在民间团体的迎送中要根据客人身份、地位，安排具有对等身份、对口部门的人前往进行接待。迎送的程序可以简单一些，主要应体现出主人的热情和周到。

### （二）对一般客人的迎送

迎接一般客人，无官方正式仪式，主要是做好各项安排。如果客人是熟人，则可不必介绍，仅向前握手，互致问候；如果客人是首次前来，又不认识，接待人员应主动自我介绍；如果迎接大批客人，可以事先准备特定的标志，如小旗或牌子等，让客人从远处就能看到，以便客人主动前来接洽。

### （三）一般迎送的礼仪规范

1. 欢迎礼仪

旅游服务人员接到客人后，首先应该热情地向客人表示问候和欢迎。然后向客人做自我介绍，告诉客人可以怎么样称呼自己。如果客人有行李，应主动帮助客人提行李，并把客人引领到目的地。如果有的客人执意要自己提行李，要尊重客人的意愿，不必强求。如果客人是乘车来的，待车停稳后，要注意及时用左手拉开轿车的右侧后门，并用右手挡住车门的上沿，提醒客人下车时不要碰到头部。

2. 送客礼仪

客人离开的时候，服务人员要再三保证客人的行李准确完好地送上车，注意核实行李件数。待客人坐好后，为客人关上车门。关车门的时候，不可以用力过猛，更不可以夹住客人手脚或衣物。同时，微笑着注视客人，与客人道别，祝客人“一路平安”并对客人发出诚挚的邀请，“欢迎再次光临”，待客人走出视线后再转身离开。如果陪同客人同乘一辆车，服务人员应该绕过车尾从左侧的后门上车，同时还应注意座次安排的礼仪。

**小案例**

**“女士优先”**

小贺第一次独立地走上了饭店迎宾员的岗位。一辆白色的高级轿车向饭店驶来，小贺看到后排坐着两位男士、前排副驾驶座上坐着一位身材较高的女士。小贺上前一步，以优雅的姿态和职业性动作先为后排客人打开车门，做好护顶、关好车门后，小贺迅速走向前门，准备以同样的礼仪迎接那位女宾下车。但那位女宾满脸不悦，使小贺茫然不知所措。通常后排座为上座，一般凡有身份者皆在此就座，优先为重要客人提供服务是饭店服务程序的常规。

问题：这位女宾为什么不悦呢？

## 任务实施

学生分组扮演旅游服务人员和外国游客等相关角色，模拟练习迎送外国旅行社代表团的见面、接站、送行、乘车的礼仪。

# 任务四 会见、会谈礼仪

## 任务分析

本任务主要学习会见和会谈的礼仪规范知识。

## 任务准备

在国际交往中，会见与会谈是十分重要的交往方式，它既有礼仪性，又有实质性，有广泛的适用范围，可以在不同的层次、不同方面的人员中进行。国内外每天发生着各种会见或会谈，它们有政治的、外交的、经济的、贸易的、文化交往的以及其他各个领域的，而且又分各种不同的层次，在全世界各地广泛进行。

### 一、会见的礼仪规范

会见，国际上一般称接见或拜会。凡身份高的人士会见身份低的，或是主人会见客人，一般称为接见或召见。凡身份低的人士会见身份高的，或是客人会见主人，一般称为拜会或拜见。我国不做上述区分，一律统称会见。

## （一）会见的分类

1. 按内容不同分类

会见按其内容不同可分为：礼节性会见、政治性会见和事务性会见，或三者兼而有之。

（1）礼节性会见。

这是出于礼节的需要而进行的见面仪式。一般来说，会见的时间比较短，会见双方谈论的话题也较为广泛，是一种纯粹性的礼节形式。

（2）政治性会见。

一般来说主要是围绕双边关系、国际形势以及国际重大事件来进行的，有着较为突出和关注的话题，多用来阐述和表明观点、申诉立场。

（3）事务性会见。

包括一般的外交交涉、业务洽谈，通常有特定的主题和对象，有着比较鲜明的目的性，着力于创造某种局面或者解决某些问题。

2. 按会见对象不同分类

根据会见对象的不同，分为个别约见和大型接见。

（1）个别约见。

多是指国家首脑或者某个部门（如外交部等）负责人由于某个或者某一方面的外交事务和业务问题，与个别人士或者特定国家的使馆人员进行的会面商谈的一种礼宾活动。一般来说，会见的范围较小、保密性较强。

（2）大型接见。

往往是指国家领导人会见一国或几国的群众团体、国际会议代表、重要的他国访问组织等。特点是参加会见的人数较多，而且场面比较隆重。

## （二）会见的安排

会见一般都安排在会客厅或办公室，会见时的座次安排是会见礼节中的重要方面，需要加以注意。会见的座次安排有多种形式，有时宾主各坐一方，有时穿插坐在一起。某些国家元首会见还有独特礼仪程序，例如双方简短致辞、合影等。在布置形式上，各国也是不一样的。

我国的会见安排比较简单，无特殊的仪式。会见的地点安排在人民大会堂、中南海或者钓鱼台国宾馆。我国习惯性的安排是客人坐在主人的右边，翻译员、记录员在主人和主宾后面，其他客人按礼宾次序在主宾一侧就座，主方陪见人在主人一侧按身份高低就座（如图 3－1 所示）。

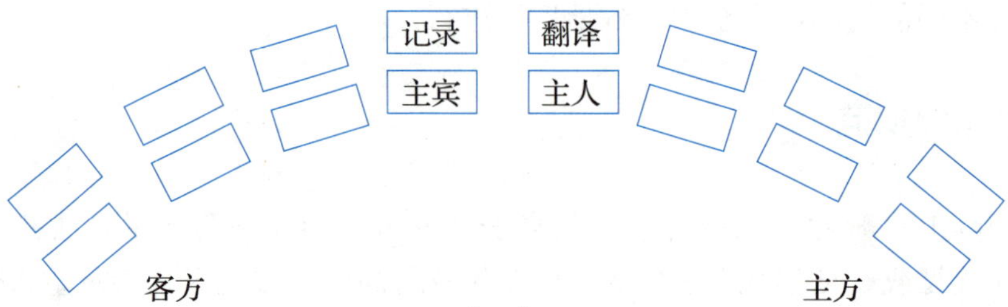


（一）

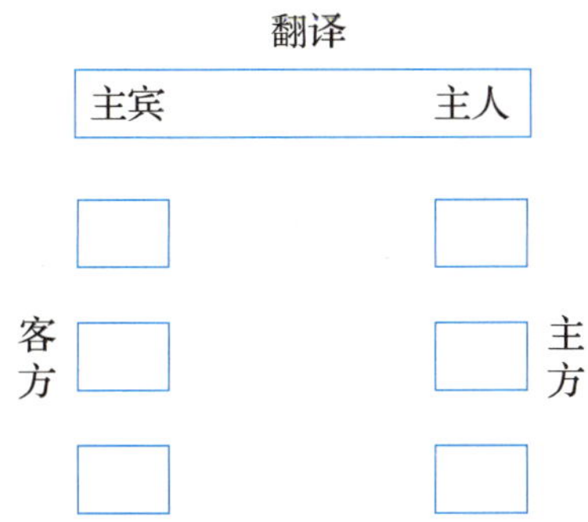


（二）

**图 3－1　会见座次安排图**

座位多采用单人沙发或者扶手椅，人数多的会见，内圈用沙发，外圈用扶手椅或者靠背椅围置的形式。

### （三）会见的服务流程

要根据会见的实际情况和来访者的要求确定会见地点的光线和温度。如果是夏季，温度一般保持在 24～25℃，如果是冬季，在 20～22℃比较适宜。

宾客到达的时候，服务人员要利用主人出去迎接客人的间隙，迅速整理好茶几上的物品和沙发上的坐垫，然后为主人和客人安排好茶水。当宾客来到会见桌前时，服务人员要上前帮助客人入座，同时用茶杯上茶。这时要特别注意茶杯的摆放，使用带把的茶具一定要把杯子的把朝客人的右手一侧。初次斟茶时只倒入茶杯的一半即可，不要太满。

客人和主人入座后，通常由两名服务人员开始递毛巾，从重要的宾客和主人开始，这时服务人员应热情地说一声“请”。如果只有一名服务人员，应该先从客人开始，然后才是主人，而且是先贵宾后随行的顺序操作。用完的毛巾要及时收回，以保持整洁。

会见过程中的续水服务，一般来说应该 30 分钟一次。续水的时候用小暖瓶，并带一块儿小毛巾。续水的流程和上毛巾的流程相同，先客后主，先贵宾后随行。

如果会见过程中有休息，服务人员还要利用间隙迅速整理物品，要特别注意不能乱弄和乱翻阅会见桌子上的文件、手册等。会见的整个过程中，都要有服务人员在场提供服务，要做到随时应承，及时处理。

## 二、会谈的礼仪规范

会谈是双方或多方就某些重大的政治、经济、文化、军事及其他共同关心的问题交换意见，或者就具体业务进行谈判的活动。会谈也可以指洽谈公务和业务谈判。一般来说，会谈的内容较为正式，政治性和专业性都比较强，其内容大都经过事先商定，并且有相应的安排。

外国领导人来我国访问，首次会谈一般安排在人民大会堂举行。如需进行第二次会谈，有时安排在国宾下榻的国宾馆进行。会谈开始之前，一般允许双方的记者进行采访，一旦会谈开始，所有的记者都必须退场。

### （一）会谈的特点

参加会谈的双方或者多方的主要领导人的身份、地位、级别，原则上要求必须是对等的，所负责的事务也应是对口的。会谈有着较为明显的级别和专业特点，比如外方是由总统、总理统率的代表团，我方就由国家主席、总理出面；外方是外交部部长出席，则我方也应是外交部部长。根据双方关系的不同或处理事务的要求和目标不同而举行不同级别的会谈。

一般来说，会谈的内容较为正式，政治性和业务性都比较强，所以要特别注意保密。代表团身份和规格很高的情况下，还要悬挂双方国旗。

### （二）会谈的服务事项

1. 会谈的用品配置

在每个座位前桌面的中间摆放一本供记录的便签本。便签本的下方距离桌子的边缘约5厘米处，紧邻便签本的右侧摆放红、黑铅笔各一支，便签本的右上方放置一个茶杯垫盘，盘中放置方巾一块。

2. 会谈的服务流程

当主人提前到达活动现场的时候，服务人员应将其迎接到厅内的沙发上就座、上茶。在主办单位通知外宾从驻地出发时，服务人员在工作间内将茶水沏好。当主人到门口迎接宾客时，服务人员把沏好的茶端上，放在每个人面前的茶杯垫上。客人和主人来到会谈桌前，服务人员要上前拉椅子。当记者采访和摄影完毕，服务人员要分别从两边为宾主双方递上毛巾，用完后，应及时将毛巾收回。

会谈中间，如上饮料、干果等，应先把牙签、小毛巾、饮料垫摆上桌。然后再把饮料、干果盘等依次摆上桌。

一般来说，会谈活动的时间较长，可以根据宾客的具体情况及时续水、更换铅笔等。如果会谈中间休息，服务人要及时整理好座椅、桌面用品等。在整理的时候，千万注意不能乱动、乱翻阅桌上的文件等。

会谈结束的时候，要照顾宾客退席，注意按照工作程序做好收尾的工作。

## 三、会见、会谈中的具体安排

（1）提出会见、会谈要求的一方，应将要求会见、会谈人的姓名、职务、目的告知对方，接见一方应尽早给予答复，约妥时间。如因故不能接见，应婉言解释。

（2）接见一方的安排者，应主动将会见、会谈的时间、地点、主方出席人及有关事项通知对方。

（3）应准确掌握会见、会谈的时间、地点和双方参加人员的名单，及早通知有关人员和有关单位，做好必要的安排。

（4）会见、会谈场所应安排足够的座位。人员较多时，应安装好扩音器，放好中外文座位卡。

（5）如有合影，应事先布置好场地，设计好合影图，备好照相设备。合影时主人和主宾居中，按礼宾次序，主客双方间隔排列。既要考虑人员身份，也要考虑镜头的拍摄范围。一般来讲，两边均应由主方人员把边。

（6）客人到达时，主人应在门口迎候。若主人不能在门口迎候，应由指定的工作人员在大楼门口将客人引入会客厅。

（7）领导人之间的会见、会谈，除陪见人和必要的翻译员、记录员外，其他工作人员在安排就绪后均应退出。谈话过程中，旁人不要随意进出。

（8）要备好招待用饮料。我国一般只备茶水，夏季加冷饮。会谈时间长，可适当上咖啡或红茶。

**小案例**

**热情的服务员**

小刘所在的宾馆正在承办一个会谈活动，两家公司将对 2022 年的合作事项进行商谈。小刘一直在餐厅做值台服务员，他具有良好而热情的服务态度，所以受到了很多宾客的好评，也得到了主管的肯定。今天是他第一次为会谈活动提供服务，他忐忑又激动，想着今天也一定要热情服务，让客人满意。

会谈开始前，小刘就提前为客人倒好了茶水。在整个会议进行中，他密切观察客人的情况，哪个客人多喝了几次水，小刘就殷勤上前询问："请问需要为您添水吗？"但添了几次茶水后，小刘却发现，当他上前添茶水时，客人微微皱了眉头。

小刘感到奇怪，今天哪里做得不好了吗？

问题：小刘热情的服务为什么让客人不悦呢？

### 任务实施

（1）用画图填数字的方式进行会见、会谈座位排序训练。

（2）分小组完成会见、会谈服务流程的模拟训练。

## 任务五 宴请礼仪

### 任务分析

本任务主要学习宴请的形式、宴请活动的组织礼仪、宴请的桌次和座位安排、出席宴会的礼仪规范等知识。

## 任务准备

宴请是国际国内社会交往中比较常见的待客方式，尤其是在旅游服务活动中表示欢迎、庆贺、饯行、答谢，以增进友谊和融洽气氛的重要手段，是组织与外界“广结良缘”的一个重要途径。接待宴请从落座的位置、上菜的顺序、菜肴的配置、酒水的搭配、不同餐具的使用等都有严格的规范。中国的饮食文化历史悠久，如果不熟悉宴请礼仪，举止粗俗无礼，不但损害个人形象，而且也达不到交往的目的。所以，宴请的组织者对宴请活动礼仪有比较充分的了解，才能较好地进行一场宴会的组织与策划。

## 一、宴请的形式

各国宴请都有自己国家或民族的特点与习惯。国际上通用的宴请形式有宴会、招待会、茶会、工作餐等。举办宴请活动采用何种形式，通常根据活动目的、邀请对象以及经费开支等各种因素而定。

### （一）宴会

宴会为正餐，坐下进食，由招待员顺次上菜。宴会有国宴、正式宴会、便宴、家宴之分。按举行的时间，又有早宴（早餐）、午宴、晚宴之分。按餐别分中餐、西餐和中西餐结合。从礼仪上可把宴会分为欢迎宴会、答谢宴会、饯行宴会等。其隆重程度、出席规格以及菜肴的品种与质量等均有区别。一般来说，晚上举行的宴会较之白天举行的宴会更为隆重。

1. 国宴

国宴是国家元首、政府首脑为欢迎外国元首、政府首脑，或举办大型庆典活动等而举办的宴会。国宴规格较高，宴会厅内悬挂国旗，有乐队伴奏。国宴一般专设主持人，宴会的主人致祝酒词或欢迎词，主要客人致答谢词等。菜单和座席卡上均印有国徽。出席者的身份规格较高，代表性强，宾主均按照身份排位就座，礼仪非常严格。

2. 正式宴会

正式宴会指各类社会组织为欢迎来访的宾客，召开各种专题性活动答谢合作者和支持者，或是来访宾客为答谢主人而举行的宴会。正式宴会规模可大可小，规格可高可低。除不挂国旗、不奏国歌以及出席规格不同外，其余安排大体与国宴相同。有时亦安排乐队奏席间乐。宾主均按身份排位就座。对餐具、酒水、菜肴道数、陈设，以及服务员的装束、仪态都要求很严格。许多国家正式宴会十分讲究排场，在请柬上注明对客人服饰的要求。外国人对宴会服饰比较讲究，往往从服饰规定体现宴会的隆重程度。

我国在正式宴会安排中，餐前如有条件，在休息室稍事叙谈，通常上茶和汽水、啤酒等饮料。如无休息室也可直接入席。席间一般用两种酒：一种是甜酒，另一种是烈性酒。餐后不再回休息室座谈，亦不再上饭后酒。

3. 便宴

便宴，常用于非正式宴请，通常是组织为招待小批客人、个别采访者、合作者等而举行的宴会。常见的有午宴、晚宴，有时亦有早上举行的早餐会。便宴的规模较小，规格要求不高，不拘于严格的礼仪，宾主可随意，气氛比较宽松、和谐。这类宴会形式简便，可以不排席位，不做正式讲话，菜肴道数亦可酌减。便宴较随便、亲切，宜用于日常友好交往。

4. 家宴

家宴是家庭为招待客人而举行的便宴。家人共同招待客人，显得亲切、自然。为让客人有“宾至如归”的感觉，家宴往往由主妇亲自下厨烹调，家人共同招待。

### （二）招待会

招待会是指各种不备正餐，只备食品、酒水的一种方便灵活的招待宴请活动。常备食品、酒水饮料，但通常不排席位，客人可以自由活动。招待会的形式主要有招待酒会（鸡尾酒会）、冷餐会（自助餐）等。

1. 招待酒会（鸡尾酒会）

这种招待会形式较活泼，便于广泛接触交谈。招待品以酒水为主，略备小吃。不设座椅，仅置小桌（或茶几），以便客人随意走动。酒会举行的时间亦较灵活，中午、下午、晚上均可，请柬上往往注明整个活动持续的时间，客人可在期间任何时候到达和退席，来去自由，不受约束。

鸡尾酒是用多种酒配成的混合饮料。酒会上不一定都用鸡尾酒，通常用的酒类品种较多，并配以各种果汁，不用或少用烈性酒。食品多为三明治、面包、小香肠、炸春卷等各种小吃，以牙签取食。饮料和食品由招待员用托盘端送，或部分放置在小桌上。

2. 冷餐会（自助餐）

这种宴请形式的特点是不排席位，菜肴以冷食为主，也可用热菜，连同餐具陈设在餐桌上，供客人自取。客人可自由活动，可以多次取食。酒水可陈放在桌上，也可由招待员端送。冷餐会在室内或在院子里、花园里举行，可设小桌、椅子，自由入座；也可以不设座椅，站立进餐。根据主、客双方身份，冷餐会规格隆重程度可高可低，举办时间一般在中午 12 时至下午 2 时、下午 5 时至 7 时。这种形式常用于官方正式活动，以宴请人数众多的宾客。

我国举行的大型冷餐会往往用大圆桌，设座椅，主宾席排座位，其余各席不固定座位，食品与饮料均事先放置桌上，招待会开始后，自动进餐。

近年国际上举办大型活动时采用酒会形式渐渐普遍。庆祝各种节日、欢迎代表团访问，以及各种开幕、闭幕典礼，文艺、体育招待演出前后往往举行酒会。自 1980 年起，我国国庆招待会也改用酒会形式。

### （三）茶会

茶会是一种简便的招待形式，多为社会团体举行纪念和庆祝活动所采用。举行的时间一般在下午 4 时左右（亦有上午 10 时举行的）。茶会通常设在客厅，不用餐厅。厅内设茶几、座椅，不排席位，但如是为某贵宾举行的活动，入座时会有意识地将主宾同主人安排坐到一起，其他人随意就座。茶会，顾名思义是请客人品茶。因此，茶叶、茶具的选择要有所讲究，或具有地方特色。一般用陶瓷器皿，不用玻璃杯、热水瓶代替茶壶。外国人一般用红茶，略备点心和地方风味小吃。亦有不用茶而用咖啡者，其组织安排与茶会相同。席间通常安排一些小型文艺节目助兴，活跃气氛。

### （四）工作餐

按用餐时间分为工作早餐、工作午餐、工作晚餐，是现代国际交往中经常采用的一种非正式宴请形式（有的时候由参加者各自付费），利用进餐时间，边吃边谈问题。此类活动一般只请与工作有关的人员，不请其配偶。双边工作进餐往往排席位，常用长桌，这样更便于谈话。如用长桌，其座位排法与会谈桌席位安排相仿。

## 二、宴请活动的组织礼仪

### （一）宴请前的准备

宴请作为一种礼仪性的社交活动，通常具有一定的目的性。为了使这种交际活动获得圆满成功，组织者在宴请前必须做好充分的准备工作。

1. 确定宴请的目的、名义、对象、范围和形式

（1）宴请的目的是多种多样的，可以为某一个人，也可以为某一事件。例如：为代表团来访，为庆祝某一节日、纪念日，为外交使节或外交官员的到离任，为展览会的开幕、闭幕，为某项工程动工、竣工等。

（2）确定邀请名义和对象的主要根据是主、客双方的身份，即主客身份应该对等。例如，作为东道国宴请来访的外国代表团，主人的职务和专业一般同代表团团长对等，身份低使客人感到受冷落，规格过高亦无必要。又如外国使馆宴请驻在国部长级以上官员，一般由大使（临时代办）出面邀请，低级官员请对方高级人士就不礼貌。通常如请主宾携夫人出席，主人若已婚，一般以夫妇名义发出邀请。我国大型正式活动常以一人名义发出邀请，日常交往小型宴请则根据具体情况以个人名义或以夫妇名义出面邀请。

（3）邀请范围是指请哪些方面人士、请到哪一级别、请多少人，主人这方请什么人出来作陪。这要考虑多方因素，如宴请的性质、主宾的身份、国际惯例、对方对我方的做法以至当前双方关系等。多边活动尤其要考虑政治关系，对政治上相互对立的国家是否要邀请其出席同一活动，要慎重考虑。

（4）宴请采取何种形式，在很大程度上取决于当地的习惯做法。一般来说，正式、规格高、人数少的以宴会为宜，人数多则以冷餐会或酒会更为合适，妇女界活动多用茶会。

目前各国礼宾工作都在简化，宴请范围趋向缩小，形式也更为简便。酒会、冷餐会被广泛采用，而且中午举行的酒会往往不请配偶，不少国家招待国宾宴会只请身份较高的陪同人员，不请随行人员。我国也在进行改革，提倡多举办冷餐会和酒会以代替宴会。

2. 确定宴请的时间、地点

（1）宴请的时间应安排在主宾双方都较为合适的时候。在时间的确定上，要避免对方的重大节假日、已有重要活动的时间或是禁忌日。例如，对信奉基督教的人士不要选 13 日，更不要选 13 日的星期五。小型宴请应首先征询主宾意见，最好当面口头邀请，也可

用电话联系。主宾同意后，时间即被认为最后确定，可以按此邀请其他宾客。

（2）选择宴请的地点，要根据邀请的对象、活动性质、规模大小及形式等因素来确定。如官方正式、隆重的宴会一般安排在政府议会大厦或客人下榻的酒店。选定的场所要能容纳全体人员。举行小型正式宴会，如有条件，在宴会厅外另设休息厅（又称等候厅），供宴会前简短交谈用，待主宾到达后一起进宴会厅入席。

3. 发出邀请

各种宴请活动一般均发请柬，这既是礼貌，亦对客人起提醒、备忘之用。便宴经约妥后，亦可不发请柬。工作餐一般不发请柬。有些国家邀请最高领导人作为主宾参加活动，需单独发邀请信，其他宾客发请柬。

（1）邀请形式。

邀请有两种形式，即口头邀请和书面邀请。口头邀请就是当面或者通过电话把宴请的目的、名义以及邀请的范围、时间、地点等告诉对方，然后等待对方的答复。书面邀请即给对方发送请柬，将宴请的内容告诉对方。

（2）邀请的时间。

各种宴请邀请时间一般以提前3～7天为宜。邀请过早，客人会因日期长久而遗忘；太迟，会使客人措手不及，难以如期应邀出席。

（3）了解回执。

需安排座位的宴请活动，为确切掌握出席情况，往往要求被邀者答复能否出席。随请柬可以附上被邀请者是否出席宴请的回执，应要求对方在宴请日的3天之前给主办方回音，便于主办方早做准备。

### （二）宾客、主人抵达时的迎接工作

（1）根据宴会开席的时间，接待人员要提前到岗恭候客人光临。来宾到来的时候，应热情谦逊，面带笑容，服务用语规范。同时协助来宾脱帽，并将其引入会客室、休息室或者直接陪同客人进入宴会厅。

（2）来宾进入会客室、休息室后，应根据来宾不同的生活习惯热情地上茶、递毛巾。

（3）当来宾进入宴会厅就座时，接待员应面带笑容，拉开座椅，引导宾客入座，同时慢慢地将座椅推回原位，让宾客坐稳坐好。引宾客入座时，要按照先女宾客后男宾客、先主宾客后其他的顺序进行。

### （三）宾客、主人入座后的服务工作

宴请席间，要严格地按照操作程序和方法，完成上菜、斟酒、派菜等一系列工作，尤其是做好对主宾和主人的服务。

### （四）宴请结束后的整理工作

（1）宴会结束的时候，应为宾客拉开椅子，以方便其离席。视情况目送或者陪送到宴会厅门口。如果来宾用餐后要在会客厅休息，应根据实际需要及时端茶送水。

（2）宾客离开的时候，衣帽间的服务员应及时、准确地将衣帽取出，递给来宾，并热情地协助其穿戴整齐。

（3）收台的时候要认真检查，如果发现有宾客遗留的物品，应及时送还给宾客。

## 三、出席宴会的礼仪规范

古往今来，宴会一直是人际交往的一种重要形式，早在《礼记·礼运》中，就有“夫礼之初，始诸饮食”的结论。千百年来，人们在摆席设宴中形成了一套纷繁复杂的礼仪。常言道“君子食有容”，一个人在宴会中的举止是否得体，用餐姿态是否规范，是衡量其文明修养水平的标准之一。随着时代的变迁，虽然餐桌礼仪已由烦琐逐渐趋于简化，但一些基本的礼节规范却依然保存着，成为人们相沿成习的行为标准。

### （一）接受邀请时的礼仪规范

1. 确认宴会类型，做好必要的准备

一般在请柬上都会说明宴会的类型或目的，是中式的还是西式的，是去邀请者家里做客还是去饭店参加庆典，是庆祝宴会还是欢迎宴会等。作为客人，应邀出席一项活动之前，要核实宴请的主人信息，活动举办的地点、时间，是否邀请了配偶，以及主人对服装的要求。另外还要考虑是否需要准备礼物，或者其他的一些准备工作等。

2. 收到邀请后，给邀请者回复

按照一般的礼节要求，应该在收到邀请后的一天内给主人以回复。请柬上一般都印有“敬候回音”或“如不光临请予回复”的字样。前一种是指被邀请者无论是否赴宴，都要予以回复；后一种则指被邀请者如不能赴宴才予以回复。一旦答应赴宴，如果没有特殊的原因，不要随意变动，以免给主人带来不便。万一有特殊情况不能出席，应及时、有礼貌地向主人解释或道歉，万万不可不经解释就随意不去参加，这是极不礼貌的行为。

3. 掌握出席时间，准时参加宴会

出席宴请活动，抵达时间迟早、逗留时间长短，在一定程度上反映对主人的尊重程度。应根据活动的性质和当地的习惯去做，迟到、早退、逗留时间过短被视为失礼或有意冷落主人。身份高者可略晚到达。一般客人宜略早到达。主宾退席后再陆续告辞。在我国一般是正点或提前两三分钟出席宴会。确实有事需提前退席时，应向主人说明后悄悄离去，也可事前打招呼，届时离席。

### （二）席间的礼仪规范

1. 入席时的注意事项

（1）赴宴时。

走进主人家或者宴会厅里，首先应跟主人打招呼，表明你已经到达，随后还应跟已经到达的其他客人（不管相熟与否）一一点头示意或握手寒暄。特别要注意的是：对方若是长者，则应表现出格外的尊重，比如起立或让座等；对方若是女性，则应举止庄重，彬彬有礼；对方若是小孩，则应表现出长者的关爱等。

（2）入席时。

入席时应注意以下几点：第一，如果桌次和座号均无任何标示，则应听从主人的安排，千万不要贸然入座；第二，如有桌次和座号的标示，也不要急切入座，而应由主人引导入座；第三，入座时应向其他的客人表示适当的礼让。

（3）就座后。

就座后应该注意如下几点：坐姿要端正，不要摇晃双腿或头靠椅背、伸懒腰、打哈欠等；与人交谈时不要指指画画，飞沫四溅，或声音很高；一般来说，男性不宜只穿衬衣，女性就座时不宜将裙子撩高，那样很不雅观；在等待上菜的间隙，应与主人及其他客人做轻松自如的交谈，不可默不作声，也不可左顾右盼或玩弄、敲打碗筷等。

2. 进餐时的注意事项

中餐宴会是中国传统的、具有民族特色的宴会。进餐中，应遵循中国的饮食习惯、吃中国菜肴、饮中国酒、用中国餐具、行中国传统礼仪。

（1）文明、规范地使用餐具。

中餐一般使用圆桌进餐，大家围坐圆桌旁，用筷子夹菜吃。中餐的餐桌上，每个席位前放有汤碗、筷、碟和汤匙，桌中备有酱油、醋等调料，菜夹到碟子里再吃。筷子的使用有很多讲究，要注意文明和卫生，具体禁忌如下：

1）不要舔筷、咬筷，不要用筷子在盘中翻拣食物。

2）不方便取食的食物，可用汤匙取食，不可用筷子插食。

3）不要用自己的筷子给别人夹菜，不要把不干净的筷子伸到盘子中取菜。

4）不要举着筷子在几个盘子间游移不定，或将筷子跨放于碗或盘上，应放在筷架上。

如果不注意以上细节，不仅不卫生，而且影响其他人进餐，同时也损害了自己的形象。

（2）注意谦让、讲礼貌。

谦虚、礼让是中华民族的传统美德，我们在进餐时要做一个文明、谦让的客人。

1）上桌后不要先拿筷，应等主人邀请，主宾动筷时再拿筷。

2）主人向客人介绍菜式，请大家趁热品尝时，不得争抢，应先礼让邻座客人后再伸筷取食。

3）筷子不要伸得太长，不要在菜盘里翻找自己喜欢的菜肴，应先将转台上自己想吃的菜转到自己的面前，再从容取菜。不要把自己喜欢的菜总是转到自己的面前，也不要在别人夹菜的时候转动转台。

（3）注意饮食卫生。

中餐就餐时，大家共同食用相同的食物，如果不注意饮食卫生，不仅对健康不利，也是不文明、不雅观的表现。

1）已经咬过的食物不要放回盘子里，应将其吃完。

2）冷盘菜、海鲜等需要蘸调料的食物可自由调味，但切记勿将咬过的食物再放回调料盘中调蘸。

3）自己使用的餐具要处理干净后再伸到盘中取食。

4）吃东西要文雅。闭嘴咀嚼，喝汤不要啜，吃东西不要发出声音。如汤菜太烫，可稍稍待凉后再吃，切勿用嘴吹。嘴内的鱼刺、骨头不要直接外吐，用餐巾掩嘴，用手（吃中餐可用筷子）取出，或轻轻吐在叉上，放在盘内。吃剩的菜，用过的餐具、牙签，都应放在盘内，勿置于桌上。嘴内有食物时，切勿说话。剔牙时，用手或餐巾遮口。

（4）注意进餐速度。

当其他客人还没有吃完时，不要独自先离席。在宴会餐桌上，进餐速度快慢不是依个人习惯，而应适应宴会的节奏。应等大家都吃完，主人起身，主宾离席时再致谢退席。

（5）沉着处理意外情况。

宴会进行中由于不慎发生异常情况，例如用力过猛，使刀叉撞击盘子发出声响，或餐具摔落地上，或打翻酒水等，应沉着处理，不必慌乱。餐具碰出声音，可轻声向邻座（或向主人）说声“对不起”。餐具掉落可另换一副。酒水打翻溅到邻座身上，应表示歉意，协助擦干；如对方是女士，只要把干净餐巾或手帕递上即可，由她自己擦干。

3. 祝酒时的注意事项

古往今来，酒水在人际交往中一直扮演着重要的角色。在宴会进行过程中，敬酒是不可缺少的项目，重要的宴请活动，还有专门的祝酒仪式，作为与宴者，要做到心中有数，避免失礼。

（1）要事先准备好为何人、何事敬酒，何时敬酒，按什么顺序敬酒等。一般来讲，第一杯酒应该敬主宾，第二杯酒敬主人，其他的人可按顺时针的顺序依次敬酒。也可根据实际情况灵活安排。值得注意的是，对餐桌上的客人要一视同仁，不可厚此薄彼，只对特定的对象敬酒是不礼貌的。

（2）碰杯时，主人和主宾先碰，人多时可同时举杯示意，不需逐一碰杯。祝酒时要注意不可交叉碰杯。碰杯时在餐桌上不要将手伸得太长，如果对方和自己距离较远，可以将酒杯在桌面上顿一下，代替碰杯。与他人碰杯时应当把自己酒杯举得比他人酒杯略低一些，以示谦让和对他人的尊重。

（3）主人致祝酒词或别人向自己敬酒时，应当放下筷子暂停进餐，更不要与其他人交流，耐心倾听才符合礼仪规范。

（4）祝酒时，一定要配合相应的语言，可以说一些吉利的、表示客气的话，不能一言不发。别人给自己敬酒时要说一些表示感谢的话。

4. 宴会交谈时的注意事项

（1）宴会上沉默寡言会使宴会气氛显得沉闷，男女主人应主动引出交谈的话题，促使客人们相互讨论大家都感兴趣的内容，使宴会始终保持轻松愉快的气氛。作为客人，要避免谈一些荒诞、庸俗低级的内容，也要尽量回避容易引起他人尴尬、难堪、伤心、愤怒的话题。

（2）不要只同几个熟人或一两个人讲话，也不要金口难开，独坐一隅。宴会中不可哈哈大笑、窃窃私语，或者大声招呼。

（3）注意不要边吃食物边讲话，或边摆弄刀叉边讲话。想说话时，要等嘴里的食物吃完再说。

5. 宴会离席的礼仪规范

（1）选择适当的时机离席。一般来说，离席不宜在别人正在讲话或刚刚讲完一番话之后，这样很易使讲话者感到你对其讲话颇不耐烦。通常离席应选在同桌其他客人进餐完毕之后。此外，还应劝请其他客人多坐一会儿以尽兴叙谈。

（2）离席前不应有不耐烦的表情或举止。离席最早的人不宜高声道别，只需悄声与主人道别。如果走时被同桌其他客人发现，则应礼貌地与之道“再见”；如对方是不同桌的客人，则点头示意即可。

（3）应向主人提出提早离席的原因。

（4）已经提出离席后，应尽快起身离席，不要嘴上说走，身却不动。
（5）与主人道别时不要拉住主人谈过长时间，那样很易影响一桌气氛。
（6）通常离席时，男宾先向男主人告别，女宾则先向女主人告别，然后再交叉告别。
（7）如果许多人一起离席，则只需分别与主人点头、微笑或握手即可。

## 任务实施

### 宴请礼仪的桌次和座次排列训练

（1）熟练掌握宴请的桌次和座次排序的要点和规范标准。
（2）用画图填数字的方式进行宴请桌次和座次排序训练。
（3）教师根据学生所画的图，进行点评指导，指出不足之处。

### 出席宴会的礼仪规范训练

（1）熟练掌握出席宴会礼仪规范的要点和规范标准。
（2）模拟出席宴会的场景，由学生扮演不同的角色进行训练。
（3）分析模拟训练的情况。
（4）带学生参加具体实际宴会，让学生感受宴会礼仪的要领和规范。

# 任务六 网络旅游接待礼仪

电子商务和互联网的迅猛发展和广泛运用，为旅游者参加旅游活动创造了极大的便利，越来越多的人喜欢通过网络将旅游的吃、住、行等各方面都安排好，轻松出行。旅游网络化的趋势不可阻挡，互联网与传统旅游业的结合，把旅游业推向了一个崭新的时代——网络旅游时代。

## 任务分析

本任务主要学习网络旅游接待模式及网络旅游接待礼仪规范。

## 任务准备

互联网的便利性，使顾客在短时间内能够迅速了解到旅游企业的产品和服务，并可以感知到旅游企业的形象。一方面，顾客可以通过旅游企业网站进行在线查询与交易等活动，感受到网络营销给旅游带来的便捷；另一方面，旅游企业可以通过网站与顾客建立交互机制，从而能够不断完善旅游业务，提高为顾客服务的水平。所以，作为旅游服务人员，必须了解和掌握旅游网络接待的礼仪规范。

## 一、网络礼仪的概念

网络礼仪是指在网上交流信息时被嘉许的各种行为。在互联网上交流，由于各种环境因素，对方未必可以完全正确理解你所表达的意思。很容易陷入“言者无意，听者有心”的困境。所以，必须更加注意自己的言行举止。

## 二、网络旅游接待的概念

旅游网络化，兴起于20世纪末。网络公司在投资商的支持下，在互联网上建立一系列专门服务于旅游者的综合网站，当旅游者通过访问这些旅游网站，收集全国各地的旅游信息，制定自己出游的旅游线路，预订各种交通票证、住宿餐饮、娱乐项目，并在网站的帮助下完成“吃、住、行、游、购、娱”的旅游活动时，一次真正意义上的网络旅游便诞生了。

网络旅游接待，简而言之，就是凭借互联网技术为核心的电子商务网平台，旅游接待企业和消费者之间进行信息交流和产品服务交易的过程。

## 三、网络旅游接待模式

### （一）通过网络与客人沟通，达成交易意向

随着网络的普及，旅游者在有了旅游需求时通常会选择浏览旅游网页收集相关信息。在浏览过程中，包括在选择旅游产品时，都会有一些疑问需要咨询。旅游网络营销企业的网页上都有客户咨询服务选择，旅游者可以进入客服系统在线咨询工作人员或留言咨询。经过沟通，工作人员就旅游者的疑问做出解答或为他们设计更加个性化的旅游产品，最终达成购买意向。

### （二）旅游者支付旅游定金，预订旅游产品

旅游定金是旅游者购买旅游产品的预付金额，是约束旅游者和经营者履行约定服务的一种方式。旅游网络营销企业的完整灵活的支付方式不仅可以为世界各地的消费者提供更多方便，也能避免一些由于远程无法支付定金而造成客户流失的情况发生。定金的支付方式一般有两种：一种是通过网络平台收取；另一种是通过银行交易等其他方式收取。

### （三）旅游接待企业安排旅游相关事宜，签订旅游协议或旅游合同

旅游者支付旅游定金以后，即旅游者已经初步确认购买旅游产品，旅行社应当和旅游者签订旅游合同或约定服务的相关协议，确定双方的责任和义务。通过网络签订旅游合同和服务协议，是旅游者最喜欢的一种方式，操作起来比较方便，旅游者可以随时进入订单查询或打印保存，更为异地或海外的旅游者带来了很大的方便。因而这也是最常用的一种合同签订方式。除了通过网络签订合同，还可以通过其他的方式签订，例如传真、电子扫

描、现场签订等方式。

### （四）提供约定的服务和提供售后服务

旅游合同和服务协议签订后，按约定旅游接待企业提供旅游服务，旅游者享受旅游服务。旅游接待企业按照合同约定的服务项目和服务标准来为旅游者提供相应的服务，以及处理旅游活动过程中的突发事件。

## 四、网络旅游接待礼仪规范

### （一）网络通信方式使用的规范

1. QQ、微信等通信工具使用规范

（1）语言规范。

1）“您好”：在为顾客服务前，主动向顾客问候。忌不问候便开始与顾客谈话。

2）“请”：在向顾客提供服务时，用“请”字作为第一句话的开头。

3）“对不起”：在不能满足顾客提出的要求时，向顾客说“对不起”，然后再对具体问题进行表达。忌直接表达自己的意思。

4）“请您稍候”：在需要顾客等候时，要带着歉意迅速、自然地说出这句话，请求顾客给予谅解。例：有电话打来，先对顾客说“请您稍候”，然后再去接电话。忌在为顾客服务中，未与顾客打招呼，便中止为顾客服务。

（2）内容规范。

与客户进行有效沟通，了解客户需求，寻找销售机会；维护老客户的业务，挖掘客户的最大潜力；收集新客户的资料并进行沟通，开发新客户；定期与合作客户进行沟通，建立良好的长期合作关系。

2. 邮箱的使用规范

添加邮件标题是电子邮件和信笺的主要不同之处，标题要提纲挈领，在主题栏里用短短的几个字概括出整个邮件的内容，便于收件人判断邮件的轻重缓急，分别处理。

一定不要让标题空白，这是最失礼的。标题要简短，不宜冗长，最好写上“来自××公司的邮件”，以便对方一目了然又便于留存，可以不注明时间，因为一般邮箱会自动生成时间，写了反而累赘。标题要能真正反映邮件的内容和重要性，切忌使用含义不清的标题，如“王先生收”；也不要用无实际内容的标题，如“嘿”或是“收着”。

可适当使用大写字母或特殊字符（如“*”“!”等）来突出标题，引起收件人注意，但应适度，特别是不要随便用“紧急”之类的字眼。回复对方邮件时，应当根据回复内容需要更改标题，不要显示一大串“RE”。最重要的一点，标题千万不可出现错别字和不通顺之处，切莫只顾检查正文却在发出前忘记检查标题。标题是给别人的第一印象，一定要慎之又慎。

### （二）在线旅游咨询接待规范

为了提高服务质量和顾客满意度，顾客在线咨询时，客服应遵守以下接待规范：

1. 设置自动欢迎语、快捷回复语

客服人员在上线之前，需认真检查登录号的统一规范欢迎语、建立自动欢迎语、设置快捷回复语，包括活动期间变动的信息及售前、售后常用语言。

2. 主动询问

顾客上线咨询时，客服系统会自动弹出公司设定好的欢迎访问语。此时，在线客服要主动询问，第一时间响应，主动与顾客打招呼。

3. 及时响应

顾客在咨询过程中，如在线咨询的人数少于 4 人，客服响应时间不能超过 20 秒；如遇繁忙时段同时在线咨询人数超过 5 人时，响应时间不得超过 60 秒。

4. 售后跟踪、催单、联系处理

客服须及时对客户进行专人专责维护、跟踪、联系。对于未确认、未付款订单，客服人员须进行催单核实、跟踪联系，提高转化率，并在 ERP 软件中详细备注跟踪情况及处理结果。售后人员对顾客通过不同方式回访进行有效维护，促进顾客二次销售。对已经建立名片的顾客再来咨询问题、反馈情况等，采用网站订单“客户联络”进行记录查询。

### （三）在线旅游预订接待规范

1. 汽车票、火车票、机票预订规范

（1）统一问候语：“您好，××××，请问有什么可以帮助您？”“您好，××客运站，请问有什么可以帮助您？”

（2）查询票务，了解客人的相关信息，包括客人的姓名及乘车、乘机的时间等，帮客人查询车票、飞机票的情况。如：“×先生，您好，请问您是查询×月×日××到××的航班对吗？”

（3）注意礼貌用语，询问客人需求。如“请稍等，正在为您查询”“很抱歉，让您久等了”“为您查了一下××到××，×月×日最低折扣为下午×点，×航，×折，含税和保险一共×××元，×××机场起飞，××点××分到达××，您看可以吗”。

（4）确认客人的相关信息，包括票数、客人姓名及相关证件信息。

（5）复述补充，确保工作无差错。如：“跟您核对一遍您的订票信息好吗？”

（6）支付方式确定。

（7）再次核对票务信息。

2. 客房预订规范

（1）统一的问候语，能给客人留下良好的第一印象，如“早上好！××酒店！”等。

（2）之前没住过本酒店的客人会提很多问题，这是一个机会，要把酒店推荐给客人。

（3）理解客人的需求，给予客人建议，站在客人立场考虑问题，让客人获得良好体验是最重要的。

（4）记录信息。与客人确认好预订房间后，需要记录预订信息，包括客人名字、入住时间、手机号码等。如“先生/女士，可以告诉我您的全名吗？方便留下您的手机号码吗？”

（5）复述补充，确保工作无差错。

（6）最后的礼貌是必不可少的，要解答客人关于酒店地理位置和交通的问询。

预订过程中，预订员与客人不要谈论与酒店预订无关的事宜，因为言多必失。预订员在了解客人的需求和情况后，做出合理的回答与正确的推荐即可。预订完成后，酒店会通过发短信确认客人预订的内容。

## 任务实施

### QQ、微信旅游接待训练

（1）熟悉 QQ、微信旅游接待的礼仪规范。

（2）在教师的带领下，学生分组，各组之间进行 QQ、微信旅游接待，并相互讨论，分享心得体会。

（3）课堂讨论，学生得出 QQ 和微信旅游接待的不同，以及网络接待中需要注意的相关事宜。

（4）教师根据学生的汇报情况，进行指导、评价、总结。

## 项目小结

本项目主要介绍了见面礼仪，人际交往礼仪，迎送国际宾客礼仪，会见、会谈礼仪、宴请礼仪和网络旅游接待礼仪等日常交往礼仪。在掌握相应知识的前提下，学生在具体的情境下应能够灵活运用，体现旅游服务人员的专业素养。

## 项目测评

### 一、选择题

1. 会见过程中的续水服务，一般来说应该（　　）分钟一次。

A. 20　　B. 30　　C. 40　　D. 10

2. 如果是夏季，会见地点的温度一般保持在（　　）。

A. 24～25℃　　B. 20～22℃　　C. 18～22℃　　D. 18～26℃

3. 一般来说，（　　）主要是围绕双边关系、国际形势以及国际重大事件来进行的，有着较为突出和关心的话题，多用来阐述和表明观点、申诉立场。

A. 礼节性会见　　B. 政治性会见　　C. 商业性会见　　D. 事务性会见

4. “同志”“小姐”“女士”“先生”等属于（　　）。

A. 姓氏称呼　　B. 名字称呼　　C. 通称称呼　　D. 身份称呼

5. “李教授”“陈工程师”等属于（　　）。

A. 职务性称呼　　B. 学衔性称呼　　C. 职称性称呼　　D. 行业性称呼

### 二、判断题（对的打“√”，错的打“×”）

1. 主人驾车时，以后排右侧为首位，遵循“右尊左卑”的原则。（　　）

2. 一般来说，会谈的内容较为正式，政治性和业务性都比较强，所以要特别注意保密。代表团人员身份和规格很高的情况下，还要悬挂双方国旗。（　　）

3. 上车时，最好请客人从左侧门上车，主人从右侧门上车，避免从客人膝前穿过。(　　)

4. 在接听电话的时候，应注意使嘴巴和话筒保持 2 厘米左右的距离，要把耳朵贴近话筒，仔细倾听对方讲话。(　　)

5. 身份不同的人握手时，遵循“尊者先伸手”的原则。(　　)

6. 合影时主人和主宾居中，按礼宾次序，主客双方间隔排列，既要考虑人员身份，也要考虑镜头的拍摄范围。(　　)

7. 会谈会见时，我国一般只备茶水，夏季加冷饮。会谈时间长，可适当上咖啡或红茶。(　　)

## 三、案例分析

### 走不到的青海湖

有一位年轻人去风景区旅游。那天天气炎热，他口干舌燥、筋疲力尽，不知距目的地还有多远，举目四望，不见一人。正失望时，远处走来一位老者，年轻人大喜，张口就问：“喂！离青海湖还有多远啊?”老者目不斜视地回答了两个字：“五里。”年轻人精神倍增，快速向前走去。他走呀走，走了好几个五里，青海湖也不见踪迹。他恼怒之下才想起自己言语不敬，后悔莫及。

思考：老者为什么不告诉年轻人青海湖还有多远？年轻人的正确做法是什么呢？

## 四、综合实训

情景一：电话响了好久，有人接起电话：“你好。”然后就没有声音了，打电话的人也没有说话，过了一会儿，接电话的人“啪”地挂断了电话。

情景二：电话响了，有人接起电话：“你好，××公司。”“找一下市场部的小张，谢谢。”“市场部？打错了。”然后“啪”地挂了电话。

分析：

(1) 请学生对情景一和情景二进行点评，分析有哪些地方不符合电话礼仪。

(2) 请两位学生对以上情景进行模拟演练。

(3) 老师指出学生演练的不足之处。

项目四

# 旅游行业岗位服务礼仪

## 学习目标

知识目标：

1. 了解前厅、客房、餐厅、酒吧及导游服务中的基本服务礼仪。

2. 明确前厅、客房、餐厅、酒吧及导游服务中的礼仪在各部门各岗位服务中的具体应用。

能力目标：

1. 熟悉各岗位员工基本素质要求及服务礼仪。

2. 掌握各岗位礼仪的工作规范和基本技巧。

思政目标：

1. 提高职业素养，在服务岗位上践行社会主义核心价值观。

2. 自觉实践服务行业的服务至上职业精神和全心全意为客人服务的职业规范。

## 案例导入

### 叫醒失误的代价

小尧是刚从旅游院校毕业的大学生，被分配到某酒店房务中心工作，从基层开始锻炼。他到房务中心上班的第二天，轮到值大夜班。刚接班没多久，电话铃响了，小尧接起电话："您好，房务中心，请讲。""明天早晨5点30分叫醒。"电话中传来一位中年男子沙哑的声音。"5点30分叫醒是吗？好的，没问题。"小尧知道，叫醒虽然是总机的事，但一站式服务理念和首问负责制要求自己先接受客人的要求，然后立即转告总机，于是他毫不犹豫地答应了。当小尧接通总机电话后，才突然想起来，刚才竟忘了问客人的房号！再看一下电话机，把他吓出一身冷汗——这部电话机根本就没有号码显示屏！小尧顿时心慌，立即将此事向总机说明，总机告称也无法查到房号，于是小尧的领班马上报告值班经理。值班经理考虑到这时已是半夜，不好逐个房间查询，再根据客人要求一大早叫醒情况看，估计是早上赶飞机或火车的客人，只好把希望寄托于客人自己会将手机设置闹铃，否则只有等待被投诉了。

早晨7点30分，一位睡眼惺忪的客人来到总台，投诉酒店未按他的要求叫醒，导致他误了飞机，其神态沮丧而气愤。早已在大堂等候的大堂副理见状立即上前将这位客人请到大堂咖啡厅接受投诉。

原来，这位客人是从郊县先到省城过夜，准备一大早赶往机场，与一家旅行社组织的一个旅游团成员汇合后乘飞机外出旅游。他在要求叫醒时，以为服务员可以从电话机显示屏上知道自己的房号，就省略未报。

酒店方面立即与这家旅行社联系，商量弥补办法。该旅行社答应让这位客人加入明天的另一个旅游团，但今天这位客人在旅游目的地的客房预订金270元要由客人负责。接下来酒店的处理结果是：为客人支付这笔订金，同时免费让客人在酒店再住一晚，而且免去客人昨晚的房费。这次叫醒失误，导致酒店经济损失共计790元。

问题：小尧接电话时犯了什么错误？如果换作是你，你会如何处理？

# 任务一 前厅服务礼仪

前厅，是指进入酒店大门后到酒店客房、餐厅之前的公共区域。前厅是每一位宾客抵达、离开酒店的必经之地，是旅游酒店服务的第一个站点。前厅部是旅游酒店中十分重要的部门之一，可以为客人提供登记、接待、订房、分房、换房、问询、电话、订票、留言、退房等各项服务，可以称作酒店的“门面”或者“窗口”。前厅服务工作的质量直接关系到客人对酒店的第一印象以及满意度和回头率，其销售业绩直接关系到旅游酒店的经济效益。所以，旅游酒店从业人员应熟练掌握前厅各工作岗位接待与服务规范，为客人提供高规格、高标准的服务，从而也为旅游酒店的发展兴旺做出贡献。

## 任务分析

本任务主要学习迎宾接待服务礼仪、总台接待服务礼仪等知识。

## 任务准备

## 一、迎宾接待服务礼仪

### （一）迎宾员接待礼仪

1. 在岗时

迎宾员要穿制服上岗，站在正门，便于环视宾客和车辆出入的地方，着装要整齐，站立要挺直，不可叉腰、弯腰、靠物，走路要自然、稳健。在岗时要保持双手自然下垂或者背于身后，两眼平视前方，双脚自然张开与肩同宽，挺胸收腹，表情自然，面带微笑。

2. 车辆到店时

（1）欢迎。

凡是来酒店的车辆停在大门时，要主动迎上，距离迎面来车约 10 米时，身体微向右侧，目光注意来车，右手侧举，手掌张开，五指并拢，引领司机在恰当位置停车（右手迅速紧握成拳，示意停车）。

（2）开门。

观察车内情况，迅速为客人开启车门。一般先开启右车门，用右手挡住车门的上方，提醒客人不要碰头。对老弱病残及女客人应予以帮助，并提醒其注意门口台阶。

（3）问候。

开启车门后，要面带微笑，热情问候客人“您好，欢迎光临”，并致以 15 度鞠躬礼。对于常住客人要记住称呼对方的姓氏，并可以灵活问候，此时不宜说“欢迎光临”，可用“您回来啦，张先生”等代替，给客人一种宾至如归的感觉。如果遇到团体宾客或者大型会议、宴会的客人较集中到达或者离开时，要提高工作效率，尽量减少客人的等候时间，同时，还应不厌其烦地向宾客微笑、点头示意，尽量使每一位客人都能得到亲切的问候。

（4）处理行李。

遇到车上装有行李，应主动与客人一起清点行李数目，检查是否有损坏，并注意有无遗漏的物品。迅速示意行李员，协助行李员卸下行李并疏导车辆，保证门前道路畅通。

（5）牢记车牌号和颜色。

要牢记常来本店客人的车辆号码和颜色，以便提供快捷、周到的服务。

（6）雨天。

逢雨天，客人到店时，要为客人打伞。若宾客自己带伞，则应该接过伞放在专设的伞架上，并代为保管。

3. 客人进店时

客人进店时要为客人开启大门，并说："您好，欢迎光临。"用手示意客人"请进"。并引导客人至接待处办理登记手续。行李放好后向客人交接及解释，并迅速到行李领班处报告，然后返回岗位。

4. 客人离店时

（1）送客。

客人离店时，负责离店的门卫应主动上前向客人打招呼并代为客人叫车。待车停稳后，替客人打开车门，请客人上车。如客人有行李，应主动帮客人将行李放上车并与客人核实行李件数。待客人坐好后，为客人关上车门。车辆即将开动，门卫躬身立正，站在车的斜前方 1 米远的位置，上身前倾 15 度，双眼注视客人，举手致意，微笑道别，同时可以说"再见""祝您一路平安""欢迎您再来"等。当重要宾客车辆抵达或离开时，要先行安排、重点照顾。

（2）特殊情况。

当候车人多而无车时，应有礼貌地请客人按先后次序排队乘车。载客的车多而人少时，应按汽车到达的先后顺序安排客人乘车。

### （二）行李员接待礼仪

行李员的主要职责是负责客人的行李接送工作，在服务中要做到以下几点：

（1）着装整齐，仪表端庄，思想集中，按照站立服务的规范要求，精神饱满地立于大厅中便于看到客人的地方。

（2）客人抵达时，热情相迎，微笑问候。主动帮助客人提行李，清点行李数目，检查是否有损坏。记下送客的出租车牌号，交给客人。客人坚持亲自提携的物品，应尊重客人意愿，不要强行接过来。用推车装运行李时，要轻拿轻放，不能扔或者重压。

（3）陪同客人到总服务台，小心地帮助客人搬运行李，以免损坏；贵重物品要让客人自己拿。客人办理住宿登记时，要站在客人身后 1 米外等候。

（4）引领客人到客房时，要走在客人左前方两三步处，配合客人的行进节奏，遇到转弯或者客人进入相关部门（如餐厅）时，要微笑以引导手势示意。

（5）乘电梯时，要礼请客人先进去。如有电梯操作员，行李员应遵循后上后下的原则。如没有电梯操作员，行李员要先上以操纵电梯，后下以控制电梯门。若电梯比较拥挤时，行李员要后上先下。总之，无论什么情况，都要尊重客人、方便客人。

（6）进入房间之前，以防万一，要先敲门，确定无人再进入。将行李放好后，若是白天要为客人打开窗帘，将钥匙交给客人，为客人适当地介绍房内设施。询问客人还有无其他要求，并耐心回答客人的询问。若客人没有其他要求时，应及时退出房间。离开房间时要面对客人，并说“请您好好休息，再见”，退出房间后轻轻关门。

（7）客人要退房离开时，行李员在接到搬运行李的通知后应该立即赶到，进入客房前无论门是开着还是关着的，均要按门铃或敲门，得到客人允许后方可进入。与客人一起清点过行李后，即可将行李运送到指定地点。如果客人跟行李一起走，提醒客人不要遗忘东西，并在客人离开房间时将房门轻轻关上。一路跟随客人直到安顿好行李，并与大门迎宾员一起向客人热情告别。

### （三）迎送接待礼仪

对提前预订远道而来的客人、团队客人以及 VIP 客人，酒店往往会派遣场站接待人员主动到车站、码头、机场迎接。

1. 迎客服务

（1）提前一天了解和获取抵达酒店客人的名单，有无 VIP 客人或需照顾的客人，以及除了预订的房间外还有多少房间可接散客，掌握该日抵达酒店客人的姓名、所乘交通工具、班次和抵达时间。一般要在班机、火车、轮船到达前 15 分钟赶到，让经过长途跋涉到来的客人不会因等待而产生不快。

（2）客人到达时，主动迎上去向客人表示欢迎。若需过边防、海关，应请客人先过；若不需过，则引领客人到车上就座等候行李。行李领出后要请客人清点。如果客人自领行李，领出后要帮客人提运。客人表示行李无差错时，可关好车门，送客人到酒店。

（3）场站若有未预订房间的客人想入住本酒店，且酒店还有房间，则要安排客人乘酒店专接零散客人的车辆回酒店。

（4）若有团体客人抵达，要安排客人先上车，收齐行李牌，让客人先乘车回酒店，然后帮客人领取行李，用行李车运回酒店并送到客人房间。若客人要求行李跟自己一起，可按客人要求办理。接待团体客人时，必须点齐人数，行李上车后要点齐行李件数后方可开车。

（5）照顾好老人、伤残者、小孩等。

2. 送客服务

（1）到总服务台了解次日需要送走的客人名单，所乘交通工具、班次等情况。向交通服务部门订车，了解机、车、船准确出发的时间，并与客人商定离开酒店的时间。清点行李，照顾 VIP 客人、老年人、伤残者、小孩等。

（2）送客路上应征求客人对酒店的意见，并欢迎他们下次惠顾。

迎客和送客时不可误接、误送或误时接送，随时掌握最新的交通信息，并转告酒店有关部门，便于为宾客提供服务。

## 二、总服务台接待服务礼仪

酒店的总服务台是住店客人进店和离店的必经之处，是酒店的“窗口”，也是酒店管理的“中枢神经”。客人从进入酒店到离开酒店的这段时间，总少不了要同总台打交道。这里既是接待客人的第一个环节，又是最后一个服务环节。总台服务人员在看到客人到来时应主动打招呼、热情询问，并向客人介绍酒店的基本情况、住宿条件和房价。总台服务人员必须认真对待每一位客人，让客人有来时“宾至如归”、离时“宾去思归”的感觉。

### （一）总服务台接待礼仪

1. 接待员服务礼仪

总服务台要始终保持整洁、干净，给人舒适感。总服务台接待人员要着装整洁，仪容端庄，优雅站立，精神饱满地恭候宾客的光临。

（1）客人朝总服务台走过来时，接待人员应面带微笑用眼神迎接。来到时应热情问候“您好，欢迎光临!”“请问您有预订吗?”“我能为你做些什么?”等。遇到客人较多而工作繁忙的时候，要按照顺序依次办理住宿手续，做到办理一个、接待另一个、招呼第三个，切忌冷落了客人。

（2）请客人填写住宿登记单时，登记单的文字要正对客人用双手递过去，验看、核对客人的证件与登记单无误后，要立即用双手将证件交还给客人，并表示感谢。还要记住客人的姓氏，在接下来的服务中称呼客人的姓氏，提供个性化的服务。

（3）将房卡交给客人的时候，应亲切地说“××先生（女士），您的房间号是××，祝您愉快”，并可以根据房间的具体优势做解释。如遇到客房已满的情况，要耐心地和客人解释，并向不了解本地情况的客人提供附近酒店的大概方位。如果客人不需要，应说“欢迎下次光临”，给客人留下预订电话和酒店宣传资料。

（4）如果客人是通过电话预订的房间，应认真记录客人的要求，并向客人复述一遍，以免遗漏或出错。订房后应信守契约、恪守时间，待客人到达时，切实做到按照预订客房要求安排。若遇到订房纠纷，要注意礼貌，对客人耐心解释，冷静分析，灵活对待，切记不要争吵。

2. 预订礼仪

预订员主要负责接收客房预订，并办理预订手续。预订方式有上门预订、电话预订、传真预订、信函预订、网络预订等。

（1）应答客人。

客人上门预订，服务员应主动、热情问候。若有客人想要的房间，应主动介绍设备、报价，并帮助客人落实订房。若无客人想要的房间，应礼貌答复客人或者介绍其他酒店。

客人通过电话预订时，铃响三声之内必须接听，敬语当先，礼貌接待。预订部人员接到的电话多数是先问及酒店的有关服务项目、房价等，预订员要耐心回答，抓住机会向客人推销。

（2）仔细报价。

首先要说明房型、房价；其次解释一些额外服务或宜人环境应增补的费用；最后要告知酒店最晚入住和退房的时间规定。

（3）准确记录。

认真记录客人的要求，并向客人复述核对，防止出现差错或遗漏。

（4）适度推销。

可以根据客人的要求，为客人推荐客房。推销过程中，要注意语言的艺术性，充分说明所推荐房间的优势。

**知识链接**

### 如何在预订环节实现增销？

增销其实在于多问客人一个简单的问题，如：“您想住一间更好的客房吗？”“一个标准单人间是280元/晚，一个豪华单人间是400元/晚，您想订哪一种？”如果得到客人的同意，既可以提升客人的体验价值，也可以为酒店带来更多的利润。

根据前厅的增销规定，预订员可以自主给予客人一定的折扣。当然，管理方会给出一个标准价和一个最低优惠价。在向客人建议更昂贵的客房时，要给客人解释清楚房型和房内的各项设施到底有何不同，并给予各种优惠，让客人自然而然地觉得昂贵的客房的性价比更高。

哪类客人更容易增销成功呢？根据各大酒店的实践经验，理想的增销客人有临时客人、大家庭一起来酒店举行庆祝活动的客人、对客房类型不是很了解的客人，以及那些通过中介、旅行社及个人助理等第三方预订客房的客人。

3. 入住登记礼仪

（1）登记入住。客人一抵达就迅速为其办理住房登记手续，保证总服务台经营高效率，使客人满意。

（2）先来后到，一视同仁，切不可以貌取人、厚此薄彼。

（3）仔细查验，认真填写，精通业务。除了本职工作外，必须对一些突发状况，如客人的特殊要求做出反应，提供协助并给予服务。

（4）妥善排房，适度推销。总服务台与客房部多联系、多协调，保证快速地为客人分配房间，避免因沟通不完善导致客人登记时间太长。总服务台必须确定并核查客人所订的客房条件是否符合客人所需，例如房间的类别、等级、价格等。

（5）报房号，交房卡。

4. 退房礼仪

（1）温婉有礼。

遇到客人退房，要温婉有礼，不能态度粗鲁或不高兴。

（2）留下好印象。

多数客人办理退房和结账手续在上午7:30—9:30，如果员工准备工作就绪，有条不紊，方便客人顺利退房，就能给客人留下良好的印象。

5. 结账礼仪

（1）了解结账方式。

如果客人选择现金结账，通常要求客人在入住时一次付清。如果客人要求转账结算，则要确认转账信息。

（2）精心、小心、耐心。

结账涉及的是金钱问题，一定要精心、小心、耐心。

（3）态度和蔼。

（4）严谨、准确、快捷。

## （二）总服务台问询服务礼仪

问询服务员的工作主要是回答宾客的咨询。接待问询服务员要熟悉业务，明确职责，以便届时能快速回答清楚客人的问题或提供有价值的线索。问询服务员在接待问询时要注意以下礼仪规范：

（1）服务员必须掌握大量的、具有时效性的信息。比如所在城市天气、旅游景点、购物场所、餐饮场所、交通工具情况；景点门票的价格；车船进站到港的时间；酒店服务项目、收费标准、营业时间等基本情况。

（2）客人前来询问时要主动迎接问好，面带微笑，两眼注视客人，听清客人问询内容和要求，简明扼要地回答客人问题。自己不清楚或需要有关部门查询的问题，请客人稍候，请教或查询有关人员后回答。服务的过程中不能推脱、怠慢、不理睬客人或简单地回答“不行”“不知道”等。

（3）尽量满足客人的要求。服务员在接待宾客时必须耐心、热情、细心。对客人提出的每一个问题都要认真解答。问询处是酒店主要的信息源，有关酒店所在地的各种资料和重要活动，都是客人询问的内容，问询处能提供的信息越多，便越能够满足客人的需求。

## （三）电话总机服务礼仪

电话总机服务员是酒店里“看不见”的服务员，其主要任务是：接转电话、代客留言、电话查询和叫醒服务。在服务过程中，应注意遵循以下礼仪规范。

1. 语言准确，用词恰当，态度诚恳

电话总机服务员要时刻避免使用“我不知道”“我很忙”“听不到”等用语和不耐烦的语气；应常用“请稍候”“我立即为您查询”“对不起，客人正在通话中，请稍候再拨”等。

2. 遵循电话礼仪

铃响三声内接听，但是不要一声还没有响完就立即接听。接听后不要用“喂，谁啊？”“你找谁？”“干什么？”等不礼貌的问候语。礼貌问候以后，应主动报出酒店名称，然后倾听来电内容，再分别处理。

3. 代客留言

电话总机服务员在代客留言时一定要认真听清，并做好记录，复述一遍确认，以免遗漏或出错。对于来电查询住店客人的电话，总机服务人员应注意为客人保密。留言要写清楚来电人的姓名、单位、来电时间、留言内容和联系方式等，待客人回来应立即转告。

4. 叫醒服务

叫醒服务是一项重要的工作。客人需早起赶时间的时候，需要总机服务人员提供叫醒服务。接受要求时，要详细填写叫醒时间表，问清楚客人姓名、楼层、房间号、电话号和叫醒的准确时间。叫醒客人的时候应说：“早上好，现在是×点钟。”如果无人接电话，隔两三分钟再叫醒一次；如三次无人接听再通知楼层服务人员直接敲门叫醒。细心而准确地叫醒客人是电话服务人员的职责。电话服务人员的任何一次失职都可能导致客人耽误行程或者遭受损失，引起客人的不满、气愤。

## 任务实施

1. 迎送礼仪训练

（1）在教师的指导下，学生按要求分组，进行行李员服务礼仪练习。

（2）将学生分组，模拟客人进出酒店，进行迎送礼仪练习，包括散客和团队迎送礼仪练习。

2. 总台接待礼仪训练

在教师的指导下，学生分组，模拟酒店前台服务人员接待客人预订。

（1）接受客人前台预订服务礼仪练习。

（2）接受客人电话预订服务礼仪练习。

3. 总台问询服务礼仪训练

在教师的指导下，学生分组，模拟酒店总台服务人员回答客人问询。两人一组，一名同学扮演客人，另一名同学扮演总台问询服务人员，客人提出各种问题，问询员一一做出回答。

4. 总台电话总机服务礼仪训练

在教师的指导下，学生分组，进行总台电话总机叫醒服务的礼仪练习。

# 任务二 客房服务礼仪

客房是酒店的主体，是酒店存在的基础，是客人在酒店中逗留时间最长的地方，客人“家”的感觉主要来自客房。客房的清洁卫生程度、安全状况、设备与物品配置、服务项目是否齐全、服务人员的服务态度和水平如何等，都是直接影响客人对酒店印象的因素。因此，客房服务人员的服务是客人衡量“价”与“值”是否相符的主要依据，客房服务质量成为衡量整个酒店服务质量的重要标志。

## 任务分析

本任务主要学习客房服务人员的仪表仪态礼仪、迎客接待服务礼仪、住宿接待服务礼仪和离店送客礼仪等知识。

## 任务准备

### 一、客房服务人员的仪表仪态礼仪

从某种意义上来说，一个酒店的形象往往和服务员的仪表仪态相关联，这就要求酒店服务人员在上班时间穿着酒店统一的工作服，佩戴胸卡，并保持服装的干净整洁。客房服务人员应对自身的卫生、仪表仪态有足够的重视。个人卫生方面要做到勤洗澡、勤理发。遇到客人应主动打招呼问候，除非客人先伸手，否则不必与客人握手。在过道行走时应轻快没有声音，且不要忽快忽慢，也不要做一些无谓的其他动作，以免影响到客人休息。

## 二、迎客接待服务礼仪

### （一）迎客的准备工作礼仪

准备工作是服务过程的第一个环节，它直接关系到整个接待服务的质量，所以准备工作应做得充分、周密，并在客人进店之前完成。

1. 了解客人的情况

为了做好准备工作，必须先了解客人的到店时间、离店时间、从何地来、去何地、人数、身份、国籍、健康状况、性别、年龄、宗教信仰、风俗习惯、生活特点及接待规格、收费标准和办法等情况，进而制订接待计划，安排接待服务工作。

2. 整理房间

客人预订的房间要在客人到达前 1 小时整理好，保持整洁、整齐、卫生、安全。客房内的设备要齐全完好，生活用品要充足，符合客房等级规格和定额标准。

3. 检查房间的布置和设备

房间整理完以后，管理人员要全面检查房间的设备和用品，特别是对 VIP 客人的房间要逐项检查。根据客人的风俗习惯、生活特点和接待规格，对房间进行布置整理。根据需要，布置其他生活用品和卫生用品。布置好后，要对房内的家具、电器、卫生设备进行检查，如有损坏，要及时报修。要试放面盆、浴缸的冷热水，如发现混浊，须放水，直到水清为止。如果客人在风俗习惯或宗教信仰方面有特殊要求，凡属合理的均应予以满足。

4. 迎客的准备

客人到达前要调好室温，保持空气清新。温度一般应保持在 22～24℃。如果客人是晚上到达，要拉上窗帘，打开房灯，做好夜床。完成准备工作后，服务员应整理好个人仪表，站在电梯口迎候。

### （二）到店迎接服务礼仪

1. 电梯口迎宾

VIP 客人由行李员引领乘电梯来到楼层时，服务员应面带笑容，热情招呼，主动向客人问好："先生/女士，一路辛苦啦，欢迎您入住我们酒店。"然后引领客人到已经准备好的房间门口，侧身站立，行李员打开房门，请客人先进。如果接待团体大批客人，应集中人力具体分工，分别迎接客人。

2. 介绍情况

客人初到酒店时不熟悉环境、不了解情况，行李员应向客人介绍房内设备及其使用方法，同时介绍酒店服务设施和服务时间。介绍时要简洁明了，时间不宜太长。客房介绍完毕后询问客人是否有其他要求。

3. 端茶送巾

客人进房后，针对接待对象按"三到"——"客到、茶到、毛巾到"的要求提供服务。如果客人喜欢饮用冰水、冷毛巾，则按照其习惯满足客人。当住店客人有访客到来时，客房服务员应该根据实际需要为客人送上茶水，对访客要热情对待，尽可能满足其合理要求；访客离开时要热情相送，并留意其有无在主人未注意的情况下带走房间内的物品。

**知识链接**

在客人入住（其实还包括其他所有的环节）的过程中，保安部的工作也是不容忽视的，尤其当遇到大量团队同时入住、该城市正在举办大型会展活动客流量特别大、遇到突发情况时。

保安部的职责因工作岗位而异，但礼仪要求基本相同：

（1）仪容端正，服饰整洁，仪态威武，举止稳重。

（2）答复问询，不厌其烦，对待客人，礼貌迎送。

（3）指挥车辆，有条不紊，文明礼貌，井然有序。

（4）执行制度，一丝不苟。反应敏捷，确保安全。态度和蔼，方法灵活。

## 三、住宿接待服务礼仪

### （一）进入客房的礼仪

进入房间前应先敲门或按门铃并自报身份，房中无人方可直接开门入内，房间有人时要得到同意，等候客人开门。正确的敲门方法是：用食指关节，缓慢而有节奏地敲门，力度适中。每次一般为三下，敲两次，即"咚咚咚""咚咚咚"。如果按门铃，应在三下之间稍稍停顿，不可以按住不放。进门后，无论客人是否在房间内，都不能将门关上。

（1）敲门时，门开着或者客人来开门，要有礼貌地向客人问好，并征求客人同意，方可进入房间。若房间无人答应，服务员进入房间，发现客人衣冠不整，应马上道歉，退出房间，把门关好。

(2) 房间门上挂着“请勿打扰”的牌子时，服务人员不应打扰。若“请勿打扰”的牌子挂的时间超过下午 2 点，由客房部服务员通知客房部主管或大堂副理，打电话询问客人并确定整理房间的时间。若房间内无人接电话，则由客房部主管、大堂副理、保安人员一起开门进入房间，查看是否有异常。若客人忘记取下“请勿打扰”的牌子，客房服务人员可以安排房间清理，并留言告诉客人。

### （二）整理客房礼仪

将客人的文件、杂志、书报稍加整理，但不要弄错位置，更不得翻看。除扔在垃圾桶里的东西外，即使是放在地上的东西也只能替客人做简单的整理，千万不能自行处理。要特别留意，尽量不触动客人的物品，更不要随意触摸客人的贵重物品。

客人的外衣可以挂起来放在衣橱内，内衣尽量不要去动，如果是女士衣物，则更加不要去改变位置。客人洗过的衣物如挂在空调出风口、窗帘杆、落地灯架或床头灯架上，应取下来挂到卫生间浴帘杆上。女性用的化妆品，可稍加收拾，但不要挪动其位置，即使化妆品用完，也不得擅自将空瓶、纸盒扔掉。

当客人的床上有很多物品时，可以暂时不去收拾床，给客人留张小纸条，告诉客人如果需要整理，可通知楼层服务员。

清洁房间时，要注意一些客人忽略的细节，如牙膏盖没有盖，要帮客人盖好；梳子脏了，帮客人洗干净；剃须刀没有关，帮客人关好；皮鞋没有擦，帮客人擦干净等。

房间整理完离开时，若客人不在要切断电源、锁好门，若客人在房内，要礼貌地向客人道歉：“对不起，打扰了。”然后退出房间，轻轻关上房门。

### （三）安全检查

客房是客人在酒店逗留期间最重要的生活之地，客人对客房的安全期望是很高的。酒店首先应对客人的生命财产负责，确保客人的安全是客房部的一项极其重要的职责。要随时注意进出客房的人员，记住自己工作范围内的住客的姓名、特征；客人未带房卡要求开门时，应先核对客人身份；未经客人同意，不能将任何访客带入客人房间；有关住店客人的姓名、身份、房号、所携带物品等，未经本人允许不得告诉任何人；对出现在楼层的陌生人要仔细询问，必要时要报告相关部门；客人外出后要跟房，查看有无安全隐患，并对客人进出的情况进行详细记录；服务员在当班期间，必须将钥匙或房卡随身携带，妥善保管。

### （四）客房送餐服务礼仪

（1）客人用电话预约时，要记清楚客人的姓名、用餐人数、房间号及餐饮品种、规格、数量、送餐时间，记录后要向客人复述一遍，避免出现差错。

（2）送餐前要根据客人点的食品、饮料，先准备好餐具。食品运送过程中要注意安全。

（3）进房间时要先按门铃，经客人允许方可进入房间内。见到客人要说："不好意思，打扰您了。我是来给您送餐的，餐桌摆在这里好吗？"客人同意后，才可给客人摆上。

（4）一切就绪后，将账单拿给客人签字。客人签字或付现金后要向客人表示感谢，离开房间时要有礼貌地向客人告别，并将房门轻轻关上。

（5）客人用完餐后，要及时将餐具点数收回，交给管事部清洁。

### （五）委托代办和其他事务的礼仪

要认真、细致、及时、准确地为客人办好委托代办的事项，如洗衣、房间用餐和其他客人委托代办的事宜。

客人若有叫醒要求，服务员应详细记录客人的房号、姓名、叫醒时间，并切记实施。如若客人要求的叫醒时间不是自己的当班时间，要记得在交班时对接班的服务员交代清楚。

## 四、离店送客礼仪

### （一）做好客人离店前的准备工作

要了解客人离店的日期、时间及所乘交通工具的车次、班次、航次，确认所有委托代办的项目是否已办妥，账款是否已结清，有无错漏。确认早晨离店的客人是否需要叫醒，什么时间叫醒；如果房间有自动叫醒钟，应告诉客人如何使用。最后要询问客人还有什么需要帮助做的事情，协助客人做好离店的准备工作。

### （二）定时的送别工作

利用客人离店前的客房服务机会，查看客人有无物品遗留在房间，如有要提醒客人。客人离开楼层时，要热情送到电梯口，有礼貌地说"再见""欢迎您再来"。要有一名服务员帮助客人提行李，并送至大厅。对老弱病残客人要有专人护送下楼，并搀扶上汽车。

### （三）客人走后的检查工作

客人进入电梯后要迅速进入房间，检查有无客人遗忘的物品，如有应立即派人追送，如送不到应交总台登记保管，以便客人寻找时归还。同时，要检查房间配备物品如烟灰缸或其他手工艺品等有无丢失，设施设备如电视机、电脑等有无损坏，如有应立即报告总台。

**小案例**

服务员小龚第一天上班，被分在酒店主楼12层做值台。她刚经过三个月的岗位培训，对做好这项工作充满信心，自我感觉良好。一个上午的接待工作确也颇为顺手。

午后，电梯门“叮”一声打开，走出两位客人，小龚立刻迎上前去，微笑着说：“先生，您好!”她看了客人的房卡，然后接过他们的行李，说：“欢迎入住酒店，请跟我来。”进入客房后她用手示意，一一介绍客房设备设施：“这是床头控制柜，这是空调开关……”这时，其中一位客人打断她的话，说：“知道了。”但是小龚仍然继续说：“这是电冰箱，桌上文件夹内有‘入住须知’和‘电话指南’……”未等她说完，另一位客人掏出钱包抽出一张钞票不耐烦地给她。霎时，小龚愣住了，一片好意被拒绝甚至误解，使她感到既沮丧又委屈，她涨红着脸对客人说：“对不起，先生，我们不收小费，谢谢您!”

问题：小龚很热情，客人为什么不领情呢?

## 任务实施

1. 熟悉客房服务礼仪规范的要点和标准

（1）迎接客人的礼仪规范标准。

（2）客房日程服务的礼仪规范标准。

（3）送别客人的礼仪规范标准。

2. 情景模拟训练

情景一：老师指导学生分组，5人一组，每一组派出2名学生分别扮演行李员、客房服务人员，其他的3名学生扮演客人，模拟行李员、客房服务人员的接待规范礼仪。

情景二：模拟客房服务员进入房间打扫，遇到客人在房间内的礼仪规范。

3. 实地考察学习

在老师的带领下，到酒店服务部门的具体环境中实地考察，领会客房接待服务礼仪规范。

# 任务三 餐厅服务礼仪

餐饮部是酒店经营收入的另一个主要来源，对整个酒店的正常运转有着举足轻重的作用，餐饮部的服务质量是酒店服务水准的客观标志。餐厅服务人员每天直接与客人接触，其服务态度、业务水平、操作技能等都直观反映在客人面前。因而，餐饮服务人员必须熟练掌握餐饮服务的各个流程，并掌握良好的礼仪规范，为客人提供优质的服务。

## 任务分析

本任务主要学习餐前准备服务礼仪、餐厅迎宾服务礼仪、就餐服务礼仪和结账送客服务礼仪等知识。

## 任务准备

### 一、餐前准备服务礼仪

#### （一）服务人员的仪容仪表礼仪

服务人员要经常梳洗头发，发型要朴实大方，不要留长指甲，也不要涂有色指甲油，注意口腔卫生，上班忌吃葱、蒜等使口腔有异味的食物，不得喝酒。女员工要淡妆上岗，男员工应戴好领带、领结。服务人员要仪容整洁、仪表端庄、面带微笑地为客人服务。

#### （二）餐前准备工作

首先，确保餐厅的环境卫生，为就餐客人创造良好的就餐环境。环境的布置要具有文化、艺术氛围，能够体现餐厅的服务特色和品位。

其次，保证餐厅食品、餐具的卫生。餐饮企业提供的食品必须符合国家制定的餐饮卫生标准。

最后，要检查预订本，调整好餐桌，铺好台布，准备好餐巾纸等，检查餐具、酒具等，补充各种调味品。

#### （三）订餐服务礼仪

(1) 宾客前来订餐，要拉椅子让座，使用礼貌服务敬语，微笑服务。对于宾客所提问题要清楚回答，不能使用否定语或者含混不清的答复。

(2) 要主动介绍餐厅的情况、设施设备、菜单、食品以及特色风味。主动报价，有针对性地提供适合宾客口味的餐食供其选择，在就餐时间和方式上方便宾客。

(3) 与客人达成口头订餐协议以后，让宾客填写订餐表，写明就餐标准、就餐人数、就餐时间、就餐地点、付费方式、就餐布置以及其他要求，一并请宾客签字确认。

### 二、餐厅迎宾服务礼仪

#### （一）迎宾服务礼仪

(1) 到岗准时：餐厅营业前 20 分钟，迎宾员应站立于餐厅门口的两侧或餐厅内便于环顾四周的位置。开餐前 5 分钟，在分管的岗位上等候开餐，迎接客人。餐厅服务属于站立服务，在站立时要注意姿势。

（2）迎宾员要了解每餐的菜单和预订情况，熟悉餐厅的所有宴会厅及餐桌、餐位。

（3）微笑迎客。客人走进餐厅门口时，应面带微笑主动上前迎接问候："女士（先生），您好，欢迎光临！"客人离开餐厅时，应礼貌道别："女士（先生），谢谢您的光临，请慢走，再见！"要优先服务女士及老人，在服务时避免触碰客人身体。

（4）积极主动。迎宾员答问要热情亲切、积极主动，使客人一进门就能感觉到他们是最受欢迎的尊贵客人，从而给客人留下良好的第一印象。

### （二）引位服务礼仪

客人进门后，引位员立即迎候，面带微笑地说："女士（先生），您好！""晚上好""请问有预订吗？""请问一共几位？"宾客初来，对餐厅环境不熟悉，引位员应礼貌地迎客，手持清洁的菜单、酒单走在客人面前约 1 米处，将客人引导到餐桌边。引位时，应不时回头示意宾客说"请跟我来""这边请""里面请"，并用手示意，把客人引领到适当的位置入座或进入包房，同时配合规范的手势。

### （三）候位、选位服务礼仪

如果餐位已满或有客人需要等人聚齐时，可以先请客人在沙发上等候，一般不安排拼桌，以免客人不便。帮助客人选择合适的餐位，如：遇到重要宾客光临，可引领到餐厅靠窗靠里的位置或雅座，以示恭敬与尊重。遇夫妇或情侣到来，可引领到餐厅一角安静的餐桌就座，便于客人小声交谈。聚会客人安排到餐厅中间的大餐桌上。带小孩的宾客尽量安排在靠墙角的位置。年老、体弱的客人，尽可能安排在离入口较近的位置，以便于其出入。遇到全家或众多的亲朋好友来聚餐时，要引领到餐厅靠里的位置或包房，既便于其安心进餐，又不影响干扰其他客人的用餐。靠近厨房出入口的位置，是最不受欢迎的位置，用餐高峰时，应对被安排在这里的客人多说几句礼貌话，以示关心与热情。

### （四）入座服务礼仪

客人入座时，应为客人拉开椅子，可示意性地为一两位客人拉椅子就可以了，具体做法是：双手将椅子拉出，右脚在前，膝盖顶住椅子后部，待宾客屈腿入座的同时顺势将椅子推向前方。

安排宾客落座，协助客人脱衣摘帽，并按照顺序挂好。注意勿将衣服倒提，以防口袋内的物品掉落。贵重衣服用衣架挂好。如果客人的衣服搭在椅子上，应及时套好衣服罩子。

## 三、就餐服务礼仪

### （一）斟茶、递毛巾服务礼仪

待客人入座后，要及时为客人递毛巾、斟茶。递毛巾从客人的左边递，要把毛巾放在小碟子内，用夹钳递给客人，并说"先生/女士，请用毛巾"。端茶时，切忌用手指接触茶杯杯口。斟茶从客人的右边斟，按照顺时针顺序依次斟上。需要续茶时，应右手提茶壶，左手按壶盖，将茶水缓缓倒入杯中，注意水不应斟得太满，约占水杯的 3/4 即可。

### （二）请客人点菜礼仪

客人入座后，服务人员要随时注意客人要点菜的示意，适时地递上菜单。递送菜单时要从客人的左边递上，态度恭敬。如果是男女或夫妇一起用餐，应将菜单先递给女士。如果是很多人一起用餐，最好将菜单先递给主宾。要让客人有充分的时间考虑，不要催促客人或者显示出不耐烦的动作，以免客人反感。

客人点菜时，服务员应站在客人左侧，与客人保持一定的距离，上身适当前倾，手持点菜簿，随时准备记录，并适时向客人介绍推销菜点。如果客人所点菜肴已经售完，应向客人表示歉意，并向客人推荐其他类似的菜肴。如果客人点菜单上没有的菜时，不要不假思索立即回绝，可以说“对不起，这道菜目前菜单上没有，请允许我马上和厨师长商量一下，看能否满足您的要求”等；如果确实没有，应向客人道歉并说明情况。

客人点菜完毕后，要将记录下的菜点逐一复述，与客人核对一遍，并询问客人还有什么需要，如酒水、饮料等。

### （三）斟酒服务礼仪

斟酒要严格按照规格和操作程序进行。由客人决定选用哪一种酒水，服务人员切不可想当然自作主张。

1. 准备工作

开餐前，将酒瓶擦拭干净（特别是瓶口部位），同时检查酒水质量。酒水要在工作台上摆放整齐，并用托盘装上开好瓶盖的酒水，要内高外低，商标向外。

2. 示酒

服务员要站在点酒宾客的右侧，左手托瓶底，右手扶瓶颈，酒标朝向宾客（或托在盘中），让宾客辨认商标、品种。

3. 斟酒

斟酒时，瓶口不可搭在酒杯上，不要碰到杯口，也不要拿得过高，瓶口与杯口相距 1 厘米为宜，以免酒水溅出，不要站在一个位置上为两位客人同时斟酒。

控制好斟酒量：白酒斟八成；红葡萄酒斟五成；白葡萄酒斟七成；香槟酒应分两次斟，第一次斟 1/3，待泡沫平息后，再斟至 2/3 处；斟啤酒时，应使酒液顺杯壁滑入杯中，呈八成酒、二成沫。

4. 宴会斟酒

宴会中有白酒、红酒、啤酒及茶、矿泉水等，斟酒时要征询客人意见：“先生（女士），请问您喜欢用哪一种？”

重要宴会要提前5分钟斟上红酒和白酒。斟酒从主宾右侧开始，先主宾、后主人，先女士、后男士。两个服务员斟酒时，一个从主宾开始，另一个从副主宾开始，按座次绕桌进行。

在宴会进行中，服务员应当精神饱满地坚守在岗位上，随时注意添酒，勿使杯中酒空，使客人有受冷落之感。

### （四）上菜服务礼仪

餐饮服务要讲究工作效率，节约客人的时间。一般来说，客人点菜10分钟内冷菜就要摆上台，热菜最好不要超过20分钟。上菜时动作要轻、稳，看准方向，摆放平稳，不可碰到酒杯、餐具等。

（1）宴会服务上菜位置在陪同（或副主人）右边。上菜时不应再询问客人点了什么菜，而应从订单上了解已点的菜肴。严禁从主人和主宾之间上菜。

（2）上菜时应用右手操作，并说“对不起，打扰一下”提醒客人注意。将菜轻放到转台上，然后顺时针转动转台，将所上的菜转至主宾面前。退后一步，报菜名，如“宫保鸡丁，请品尝”，并伸手示意，要声音洪亮，委婉动听。上每道菜时都要报菜名，视情况做适当介绍。

（3）上整鸡、整鸭、整鱼时，应注意“鸡不献头，鸭不献掌，鱼不献脊”，并主动为客人用刀切分、剔骨。上特色菜时，应用礼貌用语：“各位来宾，这是我店特色菜×××，请您品尝并多提宝贵意见。”此间视情况对特色菜品给予适当介绍。

（4）菜上齐后应礼貌提醒客人：“您的菜已经上齐了。”

**知识链接**

**“头尾”菜摆放**

服务员在摆放有整鸡、整鸭、整鱼等头尾的菜肴时，一般是将头向左、尾向右摆放；或将头正对主人，以示尊重。但也有一些地区有不同的风俗习惯，所以在摆放时也应注意。

### （五）席间服务礼仪

席间服务要做到“一快、三轻、三勤”：“一快”，即服务快；“三轻”，即走路轻、说话轻、操作轻；“三勤”，即勤问斟、勤添茶水、勤换餐碟。

服务员在撤换餐具时要征得客人同意，注意客人是否吃完，如无把握应轻声询问：“请问，这还需要吗？”上、撤餐具要轻拿轻放，如使用托盘动作要优雅利落。

在客人就餐的整个过程中，服务人员应细心观察宾客的表情及示意动作，主动服务。服务时，态度要和蔼，语言要亲切，动作要敏捷。

## 四、结账送客服务礼仪

### （一）结账服务礼仪

结账在餐饮服务中属于收尾工作，在这个阶段，服务仍不能松懈。

1. 注意结账的时间

若客人用餐完毕没有要求结账，任何情况下都不能催促客人离开。结账应该由客人主动提出，以免造成赶宾客离开的印象。

2. 注意结账的对象

客人餐毕，应把账单正面朝下放在小托盘上，从客人的左边递上。一般应该递给主人，不要直接递给主人宴请的宾客。

3. 注意服务的态度

即使在结账阶段，也要体现出热情的服务，决不能在客人结完账后就停止为其服务，应继续询问客人的要求，直到宾客离去。

结账时唱收唱付，语气要柔，吐字要清，面带笑容，上身略向前躬身。

### （二）送客服务礼仪

送客是礼貌服务的具体体现，表示餐厅部门对宾客的尊重、关心和爱护，是在餐饮服务中不可或缺的项目。在送客的过程中，服务人员要做到礼貌、耐心、细致、周全，使客人满意。

（1）当客人就餐完毕起身离座时，值台员要拉椅子，协助疏通走道。帮助客人穿戴外衣，提携东西，礼貌提醒客人不要遗忘物品。

（2）如客人要将没吃完的食品打包带走，服务员应及时提供打包服务，用专用的饭盒盛装食品后装入专用塑料袋，以便客人携带。

（3）送客至餐厅门口，微笑着向客人礼貌道别："谢谢，请走好，欢迎再次光临。"

（4）大型宴会结束后，服务员应列队在餐厅门口欢送。

**小案例**

某个冬天的傍晚，常客李先生在某酒店的餐厅宴请他的几位大学同学。因为多年不见，他们便忙着说话，没有留意到桌上的基围虾并非他们所点。由于传菜员的失误，将别的客人点的菜上到了李先生的餐桌上。直到就餐完毕结账时，李先生才发现账单上多出了基围虾的钱。李先生心里十分气愤，认为是酒店有意将自身失误造成的损失转嫁到他的头上。于是，他来到大堂，找到大堂副理投诉，要求酒店给他一个说法。

问题：上错菜属于餐厅服务中哪一个环节的失误？

**任务实施**

老师指导学生分组，每一组挑选一部分学生扮演餐厅各岗位的服务人员，其他学生充当客人，各组依次进行以下接待演练：

（1）模拟就餐服务中递毛巾、斟茶、递送菜单、点菜，席间上菜、分菜、撤盘等各环节的操作。

（2）模拟练习对“客人吃饭的过程中，在菜里发现了一根头发，对服务员进行指责”这一情景的妥善处理。

# 任务四 酒吧服务礼仪

酒吧是宾客休闲、娱乐、交际的场所，也是酒店里盈利较高的部门，是餐饮部的下属单位。酒吧环境幽静、格调雅致，并伴有轻松的音乐。酒吧常常在中午或傍晚开门，夜间生意最兴隆，营业时间一般至深夜。酒吧通常供应含有酒精的饮品，也有汽水、果汁等饮料。为了烘托酒吧的高雅氛围，给宾客提供一个优美的休憩环境，酒吧服务员必须提供更高标准的服务。

## 任务分析

本任务主要学习酒吧服务员礼仪、调酒师服务礼仪等知识。

## 任务准备

### 一、酒吧服务员礼仪

#### （一）迎接客人

服务员提前5分钟到达工作岗位，检查仪容仪表、环境卫生、酒水饮料等的准备状况，做到仪表整洁、仪容端庄，坚持站立服务，精神饱满，注意力集中，恭候客人的光临。

迎宾员应保持身体直立与自然，准备迎接来酒吧的顾客。有顾客来，当知道顾客的名字时，应称呼其名字。如果是新顾客，以“先生”“女士”代称招呼。

#### （二）引客人入座

同餐厅服务一样，客人到来后，笑脸相迎，热情问候，领位员根据客人要求及是否预订，以最快的速度把客人领到其满意的座位。主动拉椅，帮助客人尤其是女士入座。

#### （三）接受客人点酒

向客人问候，恭敬地用双手将酒单从客人的右侧递上。如果是单页酒单，应打开后递上；若是多页，可以合拢递上，同时将当日特色菜和酒水推荐给客人。注意首先递给女士，最后递给主人。

点单过程中要仔细听清并详细记录客人的要求。上身略前倾站在客人右侧，专注倾听客人的要求，把酒名、年份、类型等都记录下来，并复述一遍，以防出错。还要留意客人细小的要求，如“多加些冰块”等。

服务员必须事先知道当日的特色餐饮品种和不能供应的品种，当客人对饮用什么酒或选用什么佐酒的小吃拿不定主意时，可向客人介绍酒吧的特色餐饮品种和促销活动。

### （四）酒水服务

1. 上酒礼仪

客人点酒后应尽快把所点酒水或饮料拿到桌上并报酒，注意所上酒水、饮料必须是准确的。服务时要轻拿轻放，切忌手指碰到客人的杯口。若客人点的是整瓶酒，首先要查看商标是否完好，酒瓶本身是否干净。拿取时动作要轻稳，规范为客人展示酒水，得到主人允许后方可开瓶。

上酒水、饮料及食品时，均用托盘从客人的右侧上，以方便客人饮用。放酒杯时，不宜拿得过高，要从低处慢慢送到客人面前。对背向坐的客人，上酒水时要提醒客人注意，以免碰翻酒水。

**知识链接**

**滗酒服务**

有些多年陈酒在瓶底会有一些沉淀物，斟酒前应客人要求可以事先除去沉淀物，以确保酒液的纯净，这就是滗酒。滗酒的具体方法是：

（1）将酒瓶竖放静置数小时。

（2）准备好蜡烛、滗酒瓶。

（3）操作时，将酒瓶慢慢倾斜，对着烛光将酒液缓缓倒入滗酒瓶中。

（4）出现含有沉渣的酒液时，应沉着果断，滗出尽可能多的酒液，剔除浑浊物质，保证酒液品质。

（5）酒液滗完后，服务员持滗酒瓶为宾客进行斟酒服务。

2. 开瓶礼仪

开瓶时应站在男主人右手侧，身体稍侧。开瓶时，用工作巾把酒瓶托住，先把酒标显示给来客中的主人看，并报“请您用××酒”，然后除去瓶顶锡纸并抹干净，用开酒刀的螺旋锥转入瓶中，将瓶塞慢慢拔开，再用洁净的工作巾将瓶口抹干净。整个开瓶过程动作要小心、轻捷、迅速，以免摇动酒瓶将酒瓶底部的酒渣扬起来，影响酒味。

### （五）其他相关礼仪

酒吧服务员在服务中，要注意站立的姿势和位置，不得在客人面前使用为客人准备的酒具、茶杯等。如果需要与客人交谈，要时刻注意自己的身份和职责，不可忘乎所以，不能因与一些客人交谈而忘记工作，以免忽视照料其他的客人。

## 二、调酒师服务礼仪

调酒师在服务中，当客人来到吧台前时，应主动微笑问候。在吧台前为客人调制各种饮品时，要注意以下几点礼仪规范：

（1）尊重客人选择，按要求、标准严格操作。讲究卫生，文明操作，摇晃调酒壶的动作要适度，态度认真，不敷衍。坚持站立服务，不背向客人，拿取背后的酒瓶时，应侧身进行，以示对客人的尊重。对常来的客人要记住其爱好，热忱地为其提供喜爱的饮料。对熟客、女客不要显得过分亲热，以免引起其他客人的不满和反感。

（2）对于一个人前来的客人，为了不使他感到寂寞，可以适当地与他聊聊天，但要顺着客人的意思讲，不可以喧宾夺主，以示尊重。客人之间的谈话不可以侧耳旁听。客人在低声交谈时应主动回避。

（3）进行调酒服务的时候，不能将胳膊支撑在吧台上，也不可以双手交叉相抱或斜靠在酒柜上，更不能在吧台饮食、看书或与同事聊天，这些都是没有礼貌的表现。

### 任务实施

老师指导学生进行分组，每组中，一部分学生充当相应岗位的服务人员，另一部分学生充当客人。模拟酒吧服务的以下接待任务：

（1）模拟酒吧接待员服务的全过程，尤其要练习上酒、斟酒服务。

（2）模拟即将打烊时服务员妥善劝说客人离店。

# 任务五 导游服务礼仪

在旅游团队接待过程中，导游是自始至终与客人有着密切接触的岗位，导游的言谈举止不仅代表了旅游企业的形象，更重要的是会影响游客在游览过程中的心情，从而间接影响游客对企业的满意度。因此，导游人员除了必须掌握熟练的业务技能，还必须重视自己在服务过程中的礼仪，这样才能树立良好的形象，给游客带来愉悦的感受。

## 任务分析

本任务主要学习导游及导游服务礼仪的基本要求、导游接待服务礼仪、导游沟通协调礼仪和导游讲解礼仪等知识。

## 任务准备

### 一、导游及导游服务礼仪的基本要求

#### （一）导游的概念与基本职责

1. 导游的概念

导游是为旅游者（包括旅游团）组织安排旅行和游览事项，提供向导、讲解和旅途服务的人员。导游是旅行社的代表性工作人员之一，工作在接待第一线，涉及面广、工作量大、独立性强、和旅游者接触交往的时间最长。导游被视为“旅行团的灵魂”，需具有丰富的文化知识、过硬的语言功底、较强的组织能力和公关能力。在旅游者的心目中，导游往往是一个地区、一个民族乃至一个国家的形象代表。

2. 导游的基本职责

（1）守时守信。

遵守时间是导游应遵循的最为重要的礼仪规范。由于旅游者参观游览活动都有一定的行程安排并有较强的时间约束，为了确保团队活动的顺利进行，导游必须尽早将每天的日程安排明白无误地告知每一位游客，并且随时提醒游客。如遇到特殊情况，必须耐心地向游客解释，取得游客的谅解。此外，导游还应该做到诚实守信，答应游客办理的事情，必须尽力帮助办理。

（2）尊重游客。

导游在带团的过程中，应尊重游客，尊重其宗教信仰、风俗习惯。对游客应一视同仁，不应厚此薄彼，但是对于旅游团中的长者、女士、儿童及残疾人等需要帮助的人群应给予更多的帮助和关照，做到体贴入微，而不是同情、怜悯。对于一些重要客人的接待服务要把握好分寸，做到不卑不亢。

（3）互敬互谅。

导游工作只是整体旅游接待工作的一个组成部分。如没有其他相关工作人员，尤其是随团的汽车司机，旅游景点、购物商场以及旅游酒店等一系列为游客提供直接或间接服务的工作人员的大力支持合作，导游的服务工作就无法顺利、圆满完成。为此，尊重每一位旅游服务工作人员，体谅他们的工作处境与困难，积极地配合他们的工作，是做好导游服务工作的前提保障，也是导游人员良好礼仪素养的体现。

（4）热情好客，有人情味。

导游要把游客当作客人来款待，而不是当作购买旅游产品的顾客，对他们要热情、体贴、关怀、诚实、恳切。游客在旅游的过程中，期望的是能够得到接待人员的欢迎、尊重、关怀、帮助，而不是冷漠、歧视、慢待。导游在为游客提供服务的过程中，不要机械地完成任务，而要把感情注入其中，以情感人，使游客从服务中得到精神上的享受。

3. 导游的工作特点

（1）独立性。

导游人员接受旅行社委派的任务，带团外出旅游中往往要求能独当一面。独立根据旅游计划组织旅游活动，出现问题的时候，要独立地、合理妥善地解决。

（2）复杂性。

对于导游人员来说，首先，其接待的服务对象比较复杂，游客来自五湖四海；其次，导游的工作内容复杂，包括落实旅游计划，安排游客的食、住、行、游等，沟通上下、内外部门之间的关系；再次，导游人员讲解的内容也比较复杂，上至天文地理，下至奇闻轶事；最后，随着社会的进步、科技的发展，导游讲解方法也越来越多、越来越复杂化。

（3）跨文化性。

导游的工作是传播文化的重要渠道。世界各国、各民族、各地区所具有的文化传统、风俗习惯等都各不相同，因此决定了导游工作的跨文化性。导游人员要尽可能多地了解中外文化和中国各民族、各地区文化的差异，顺利圆满地完成传播文化重任。

### （二）导游服务礼仪的基本要求

（1）外表上，要给人稳重、大方的感觉，以获得游客的好感。

（2）行动上，要不卑不亢、落落大方，站、坐、行、手势等均要合乎行为礼仪规范，做到端庄稳重、自然亲切、训练有素。

（3）态度上，要和蔼可亲、热情好客，表情要真实、真切，时刻做到微笑服务。

（4）语言上，要谈吐文雅、表达得体，符合语言礼仪规范，讲究语言艺术，正确使用敬语、谦语、雅语等。

（5）接待礼仪上，待客要彬彬有礼，讲究接待规格，要以游客为主，尊重游客。

## 二、导游接待服务礼仪

迎送旅游团队是导游人员的一项十分重要的工作，导游服务在团队旅游接待的过程中起着关键作用。迎接游客的礼仪是否周全，直接影响着旅行社和导游人员本人在游客心目中的第一印象。而送团则是带团的最后一项工作，如果游客对前面的服务非常满意，但是送团的过程中出现了差错，礼貌不周，同样也会破坏旅行社和导游人员在游客心目中的整体形象，使前期所做的努力前功尽弃。

### （一）接团准备

1. 熟悉接待计划

导游人员在接受旅游团的接待任务后，首先要认真查阅接待计划以及相关资料和函件，全面掌握旅游团的情况，包括接待人数（男女人数、儿童人数），地接社名称、地址、联系方式，领队的名称，出入境地点，航班，活动项目，享受的标准等，研究旅游团成员的特点和特殊要求，以便提供有针对性的服务。重要的事情要记录在陪同日志上，以免服务过程中忘记。

2. 落实各项工作

在旅游团到来之前，导游人员要落实有关部门的接待事宜，检查旅游团的交通、住宿、行李运输等情况；联系与旅游活动有关的接待部门以及游客有特殊要求的接待部门；根据需要提前一天与接待社联系，安排好接待工作；提前落实或打电话询问旅游团计划有无变化；确认旅游团所乘交通工具的准确抵达时间，以免漏接。

3. 做好物质准备

在接团之前必须携带好旅游接待计划、导游卡、导游旗、接站牌、手提扩音器、景区门票、结算单、团队结算凭证、行李牌、记事本、意见本等必备物品。事先准备好足够旅游团客人乘坐的旅游车，并督促司机将车身和车内清洗、打扫干净。

4. 做好心理准备

导游人员要做好应对艰苦复杂环境以及可能出现突发事件的心理准备。同时，也要做好针对个别游客抱怨、指责和投诉的心理准备，保证对每一位游客都以礼相待。

### （二）迎接服务礼仪

1. 游客抵达前

导游人员要携带必要的证件、资料提前 30 分钟到机场、车站、码头迎接游客。当游客乘坐的交通工具抵达后，要佩戴好导游卡，举着接站牌在出口醒目位置迎接游客。旅行社的徽章或名牌应佩戴在服装左胸的正上方。

2. 游客抵达时

接待游客时要首先向游客问好“各位辛苦啦”，热情主动做自我介绍，介绍时要面带笑容，语气热情，对游客的到来表示欢迎。

3. 游客抵达后

与领队核实旅游团实到人数、所需的房间数、对餐饮的特殊要求。如果与原计划有出入，导游人员应及时与接待社联系，报告组团社。

把游客的行李集中到一起，与领队一起清点，确认无误后提醒游客注意检查随身携带的物品，并引导游客到停车位置，协助游客上车，要让老人、妇女先行，对老弱病残幼要上前搀扶，主动给予照顾。对身体不适者，也应该主动给予关怀。游客入座后清点游客数量，确认到齐后请司机开车。

4. 致欢迎词

车子启动后，导游人员应站在车厢的前方，面向游客致欢迎词。致欢迎词是导游人员和游客沟通的第一座桥梁。因此，导游人员在接团的时候，应该认真准备，并根据游客的特点（如国籍、年龄、职业）不同，选择合适的欢迎词。欢迎词的内容通常包括向团队游客问候，自我介绍，代表旅行社向游客表示欢迎，表明自己愿意竭尽全力为游客提供导游服务的态度，最后祝游客旅途愉快。好的欢迎词，能够给游客留下热情友好的深刻印象，起到尽快缩短导游人员与游客的心理距离、调节游客情绪的作用。

介绍后，将旅游活动的日程表发到游客的手上，以便游客了解此次旅游的行程安排、活动项目以及停留时间等。为了帮助游客熟悉旅游地，还可以准备一些有关的出版物给游客阅读，比如报纸、杂志、旅游指南等。

需要注意的是：清点人数的时候，有条件的可以使用计数器清点，也可以默数。切忌用社旗来回比画，也不能用手拍打游客的肩背部位，更不得用单手手指对游客头部或脸部指指点点。

**知识链接**

欢迎词是在导游人员接到旅游团队后第一次和游客之间的交流，是整个旅游行程的开端。通过致欢迎词，导游人员将会给旅游团队成员留下第一印象。一个良好的第一印象，对导游工作的开展有很大帮助，甚至在一定程度上影响一次旅游活动的成败。掌握规范的欢迎词对于导游工作有着深刻的意义。欢迎词的基本格式包括问候、欢迎语、游览注意事项和对游客的希望、预祝语等。例如：

各位来宾，大家早上好！首先，我代表司机，代表××旅行社欢迎大家来到美丽的天府之国——成都，我是××旅行社的导游员，我叫章明，是立早章，日月明。大家可以叫我小章。这位是司机×师傅，×师傅有多年的驾驶经验，驾驶技术娴熟，所以大家在乘车过程中可以完全放心。

接下来这几天就由我和×师傅为大家服务。中国有句俗话说得好，百年修得同船渡，今天我们就是“百年修得同车行”。我们大家有缘相逢、相识，希望我们这几天能将这种奇妙而又美好的缘分进行到底。小章先在这里预祝大家成都之行愉快，希望我们成都的好山、好水、好导游、好司机给大家带来一份好的心情，使大家带着对成都的期盼和憧憬而来，带着对成都的满意和流连而归。最后祝大家在成都吃得舒心、玩得开心、住得静心。

### （三）住店服务礼仪

到达入住的酒店后，导游先下车，站在车门一侧，礼貌地恭请、帮助游客下车，并提醒游客将随身携带的物品带下车。进入酒店后，导游应积极地协助游客登记入住，并借机熟悉游客情况，向游客介绍酒店内的设施情况和就餐形式、时间、地点及住店的注意事项。

游客进房间前，导游人员应先简单介绍接下来旅游行程的安排，并宣布当天和第二天日程细节、集合时间和地点，并协助解决游客入住的各类问题。导游人员还应主动查看游客进房间情况，询问游客是否都拿到了各自的行李。如果第二天活动时间安排较早，应通知总台提供团队客人的叫醒服务，并记住团队所住房间号码，再一次与领队进行细节问题的沟通协调。

不要忘记询问游客的健康状况，如团队游客中有身体不适者，首先应表示关心，若需要应想办法为游客提供必要的药物，进行预防或者治疗，以保证第二天的旅游行程计划能够顺利进行。

### （四）途中服务礼仪

（1）在车上做沿途讲解的时候，导游人员站姿要到位，表情自然，与游客保持良好的目光交流，目光应关照全体在场者，以示一视同仁。手持话筒，音量适当，规范讲解，手势力求到位，动作不宜过多，幅度不宜过大。

（2）到达目的地前，应提前将即将进行的活动安排、集会时间和地点等相关信息明白无误地向全体游客通告，并再次告知旅游车的车牌号码以及司机姓名，以方便掉队的游客寻找。

（3）旅游期间，导游人员要时刻提醒游客注意行路安全，凡遇到难以行走或者拐弯的地方，应及早提醒游客要多加注意。对年老体弱者，应提供及时必要的帮助。导游人员的行走速度不宜过快，以免游客掉队或走失。游客离开活动场所的时候，要及时提醒游客注意安全，随身携带好自己的贵重物品。

（4）导游人员在带领游客游览的过程中，要认真组织好游客的活动，做到服务热情、主动、周全。讲解内容准确、表达流畅、条理清楚、语言生动，使游客详细了解参观游览对象的历史背景、景观特色、艺术价值、形成原因等。此外，还要给游客留有摄影的时间。

（5）导游人员应该自觉携带旅行社社旗，行进过程中，左手持旗，举过头顶，保持正直，以便队尾的游客及时跟进。切忌将社旗拖于地面或者扛在肩头。

（6）对于游客提出的意见或者要求，应做到认真倾听，耐心解释，以理服人，尽量满足游客的合理要求。

### （五）送客服务礼仪

游客旅行结束前，要提前为游客预订好下一站旅游景点或返回的机票（车票、船票），游客乘坐的车厢、船舱尽量做到集中安排，以利于团队活动的统一协调。导游人员要核实旅游团队的一系列情况，做好提醒、联络工作，与全陪、领队商量好离店事宜并告知所有游客。

离店的时候，要协助游客处理与饭店的有关事宜，与全陪、领队做好行李清点、交接工作。同时，提醒游客和酒店结账，付清所住房间的电话、饮料、洗衣等一切费用。提醒游客不要遗忘自己的物品，也不要带走房间钥匙。

为游客送行，应使对方感受到自己的热情、诚恳、有礼貌和有修养。临别前应亲切询问游客有无还没有来得及办理的、需要自己代为办理的事情，并及时帮助游客处理解决。送团时，要提醒游客带好证件以及贵重物品，并有礼貌地致欢送词，感谢游客的合作，表达友好惜别之情，欢迎再次光临。送别时应向游客挥手致意，祝游客一路平安。

## 三、导游沟通协调礼仪

带旅行团出行旅游，涵盖了旅游六大要素中吃、住、行、游、购、娱的方方面面。每个团员的兴趣、爱好、要求各不相同，素质参差不齐，要使每个游客满意，是一件非常不容易的事情。对于导游人员来说，要做好沟通协调的工作，也应该遵循一定的礼仪规范。

### （一）善于洞悉游客心理

“凡事预则立，不预则废。”一名合格的导游人员，要圆满地完成带团任务，并尽量使每个游客都游得开心、游得满意，应对所接待的旅行团成员的姓名、国籍、民族、年龄、性别、职业、文化程度等方面的资料进行详细的了解，并对他们的旅游动机、心理需求、游览偏好等情况做出大致的预测，从而对合理安排旅游路线、合理分配景点的停留时间、确定景点介绍的侧重点有一个全面的把握，以使整个接团工作在团队到达之前便已经做到心中有数。

### （二）善于激发游客的兴趣

游客的旅游兴致如何是导游人员工作成败的关键。游客的兴致可以激发导游的灵感，使整个旅游过程中和游客心灵相通，一路欢声笑语。

激发游客的旅游兴致的因素包括两个方面：一是景点本身的吸引力；二是导游借助语言功能调动和引导。

导游人员对于景点的介绍，一定要注意讲解的针对性、科学性和语言表达主动性的完美结合，应根据不同的景点（人文景观如故宫、颐和园，自然景观如桂林山水等）进行详略不同的介绍。总之，景点介绍的风格特点和内容取舍，始终应以游客的兴趣为前提。

在旅游的过程中，导游人员还要善于变换游客感兴趣的话题，可以根据不同游客的心理特点进行选择，例如满足求知欲的话题、娱乐性话题等。

### （三）善于调节游客的情绪

情绪是人对于客观事物是否符合本身需要而产生的一种态度和体验。在旅游活动中，由于相当繁多的不确定因素和不可控因素，随时都会导致计划的改变。例如有时由于客观原因游览景点要减少，游客感兴趣的景点停留时间要缩短；预订好的中餐因为某些原因临时改成吃西餐；订好的机票因为大雾等停飞，只得临时改乘火车等类似事件，在接待旅游团和陪团的时候经常发生。这些都会直接或者间接影响到游客的情绪。导游人员要能及时分析判断情况，以诚恳、冷静的态度，幽默、风趣的语言，及时化解游客的不满情绪。

### （四）导游沟通协调的技巧

1. 回答问题的技巧

由于游客来自世界各地，兴趣爱好、游览动机不同，提出的问题也会五花八门，对不同问题所采取的立场态度和所选择回答的方式方法，是检验一个导游人员灵活运用语言的能力和临场应变能力的标准之一。

2. 拒绝的技巧

对于游客的合理要求，作为导游人员应当尽量予以满足，但是有些要求不尽合理，出于礼貌服务的要求，不能轻易说“不”、直接拒绝，可以选用微笑不语。在必须针对某个问题向客人表示拒绝的时候，也可以先肯定对方的动机，或表明自己与对方主观愿望一致，然后再以无可奈何的客观理由予以拒绝。还可以采取婉言谢绝、顺水推舟的方式拒绝。这样显得极为有涵养，既能达到拒绝的目的，也不至于影响游客的情绪、伤害游客的面子。

总之，在多数情况下，拒绝游客是不得已而为之的，只要措辞得当、表达态度诚恳并掌握适当的分寸，游客是会予以理解和接受的。

## 四、导游讲解礼仪

旅游活动中风景名胜区的魅力就在于能触发游客的艺术想象，而导游讲解的目标就是要去触发游客的审美想象，使他们获得美的享受。导游讲解是对旅游活动的具体宣传，作为很重要的一项内容，往往会在游客的心中打下深深的“烙印”，为旅游活动的顺利进行提供可靠的保障。

### （一）树立良好的服务形象

导游人员从第一次接触游客开始，要时刻注意自己的仪容仪表和言谈举止，做到称呼得体、谈吐大方、态度热情友好、办事稳重，给游客留下良好的印象。

### （二）走在前面

导游人员作为旅游活动的组织者，要时刻以身作则，走在游客的前面。

### （三）端正讲解姿态

在旅游车上，导游人员在进行讲解时，应面对游客，而不能背对游客；讲解的时候，目光应巡视全体游客，不能只对着几个人讲解；表情要亲切自然，行为姿态要端正优美、落落大方。

### （四）尽可能为游客介绍景点

导游人员在工作服务的过程中要尽职尽责，充分发挥自己的口才能力，为游客详细介绍各个景点，不可以只是游玩，不加以引导。

### （五）遵守导游职业道德

游客在旅游的过程中，往往都会选择购买一些具有地方特色的物品作为纪念或者馈赠朋友，导游人员应该积极主动给游客当好参谋，将他们带到商品质量较好、物美价廉的商店进行选购，切记不可违背职业道德，将游客带进贩卖伪劣商品的“黑点”，给旅游业抹黑。

**小案例**

实习导游员小王带领团队出团旅游，他精神饱满地奔赴酒店，准备当天的旅游接待工作。小王微笑着站在车门旁边迎候游客上车，客人刚刚在车上就座，小王就按惯例开始清点人数，并大声地喊出“1，2，3…”，同时用手指点数游客。游客很准时，没有迟到的。在旅游过程中，尽管小王的旅游知识很丰富，服务也很周到，但是他发现游客还是有点不对劲。小王百思不得其解。

问题：小王在导游接待服务中应加强哪些礼仪规范？

## 任务实施

### 导游迎送词训练

（1）熟悉掌握导游迎送词的基本格式、内容以及训练的要点和规范标准。

（2）欣赏经典迎送词案例，要求学生分组讨论，每人写一篇导游迎送词，并交流心得。

（3）模拟训练导游迎送词。

1）随机抽出一位学生扮演导游，其他学生扮演游客。

2）模拟在客车上接到旅游团时的场景，分别致欢迎词和欢送词。

3）要求扮演游客的学生做出适当的回应和配合。

注意：练习鞠躬、设计开场白以及相应手势、表情等。

### 导游讲解训练

（1）掌握导游沿途讲解情景的训练要点和规范标准。

（2）观看经典导游沿途讲解的影像视频，使学生领会讲解的要点和规范。

（3）将学生分组，以小组为单位选定一个沿途讲解线路进行训练。

（4）老师对每个学生的表现进行点评，指出不足之处。

注意：讲解中的语速、语词、视线、站姿、手势、表情等细节。

### 导游沟通协调礼仪规范训练

（1）熟悉导游沟通协调礼仪的要点和规范。

1）特殊情况下和游客的沟通礼仪规范。

2）劝导游客改变主意的礼仪规范。

3）对游客不满情绪的安抚礼仪规范。

（2）将学生分组，每组由一名学生扮演导游，其他学生扮演游客，模拟各种情况下导游与游客之间的沟通协调礼仪。

（3）老师根据学生的不同表现进行点评，指出不足之处。

## 项目小结

本项目主要介绍了前厅、客房、餐厅、酒吧及导游服务中的礼仪规范，在培养学生良好的服务意识和服务心理的基础上，提高学生的综合职业素养。

## 项目测评

### 一、选择题

1. 下列不属于电话总机服务员主要任务的是（　　）。

A. 接转电话　　B. 代客留言　　C. 办理住宿手续　　D. 叫醒服务

2. 客人到达前，客房服务员要做好迎客准备：调好室温，保持空气清新。温度一般应保持在（　　）。

A. 18～20℃　　B. 20～22℃　　C. 22～24℃　　D. 20～24℃

3. 若客人房间门上挂着“请勿打扰”牌子的时间超过（　　），由客房部服务员通知客房部主管或大堂副理，打电话询问客人并确定整理房间的时间。

A. 中午 12 点　　B. 下午 1 点　　C. 下午 2 点　　D. 下午 3 点

4. 遇到夫妻或情侣到餐厅用餐，可引领到（　　）就座。

A. 显眼的中心位置　　B. 餐厅一角安静的位置

C. 靠窗靠里的位置　　D. 雅座

5. 与客人达成口头订餐协议以后，应让宾客填写订餐表，核实（　　），一并请宾客签字确认。

A. 就餐人数及标准　　B. 就餐时间及地点

C. 付费方式　　D. 就餐布置及特殊要求

6. 酒店应对客人的生命财产负责，未经客人同意，不能将客人的（　　）等信息告诉任何人。

A. 姓名　　B. 身份　　C. 房号　　D. 所携带物品

7. 关于斟酒服务礼仪，下列说法正确的有（　　）。

A. 不要站在一个位置上为两位客人同时斟酒

B. 服务员示酒时要站在点酒客人的右侧，左手托瓶底，右手扶瓶颈，酒标朝向客人

C. 白酒斟八成；红葡萄酒斟五成；香槟酒斟七成；白葡萄酒应分两次斟，第一次斟 1/3，待泡沫平息后，再斟至 2/3 处

D. 重要宴会要提前 5 分钟斟上红酒和软饮料。斟酒从主宾右侧开始，先主宾、后主人，先女士、后男士

8. 导游的工作特点是（　　）。

A. 独立性　　B. 跨文化性　　C. 合作性　　D. 复杂性

9. 导游人员清点客人人数时，下列做法正确的有（　　）。

A. 使用计数器清点　　B. 默数

C. 单手手指指点客人　　D. 用社旗来回比画

10. 导游人员在接受旅游团的接待任务后，要做好（　　）等准备工作，以便提供有针对性的服务。

A. 查阅接待计划　　B. 掌握旅游团的人数、航班等信息

C. 掌握旅游团地接社名称　　D. 研究旅游团成员的特点和特殊要求

### 二、判断题（对的打“√”，错的打“×”）

1. 迎宾员在为客人开启车门时，一般先开启右车门，用右手挡住车门的上方，提醒客人不要碰头。（　　）

2. 行李员应主动帮助客人提行李，清点行李数目，检查是否有损坏。当客人表示要亲自提携物品时，为了不让客人受累，要坚持为客人提供此项服务。（　　）

3. 客人初到酒店不熟悉环境，不了解情况，行李员首先向客人介绍房内设备及使用方法，同时向客人介绍酒店服务设施和服务时间。（　　）

4. 斟茶从客人的右边斟，按照顺时针顺序依次斟上。需要续茶时，应左手提茶壶，右

手按壶盖，将茶水缓缓倒入杯中。注意茶水不应斟得太满，约占水杯的 3/4 即可。（ ）

5. 酒吧服务员呈递单页酒单时，应打开后送上，若是多页，可以合拢递上，同时将当日特色菜和酒水推荐给客人。注意首先递给主人，再递给其他客人。（ ）

6. 导游人员应当竭尽所能为客人服务，满足客人的一切要求。（ ）

7. 导游人员应该自觉携带旅行社社旗，行进过程中切忌将社旗拖于地面或者扛在肩头。（ ）

8. 导游人员欢迎词的内容通常包括向团队游客问候，自我介绍，代表旅行社向游客表示欢迎，表明自己愿意竭尽全力为游客提供导游服务的态度，最后祝游客旅途愉快。（ ）

9. 导游人员必须尽早将每天的日程安排明白无误地告知每一位游客，并且随时提醒游客。（ ）

10. 导游员对旅游团中的长者、女士、儿童及残疾人，以及身份地位高的、购买能力强的客人应给予更多的帮助和关照。（ ）

## 三、案例分析

一天晚上，某酒店新装修的二楼餐厅来了七八位客人，他们找了角落里一个位置坐下，开始点菜，值台服务员小段主动为客人介绍了酒店的一些特色菜肴。用餐期间，小段发现客人们都将骨头、鱼刺等吐在台布上，这不仅会造成台布的洗涤困难，还不利于收台等工作，而且堆积过多也会给就餐带来不便，她忽然想到可能是客人不明白骨碟的真正用途。于是，小段立刻用托盘托着干净的骨碟走上前去，对客人说："对不起，我给您换个骨碟。"然后将客人放在桌子上的杂物用筷子夹进骨碟里，拿走脏骨碟，换上干净骨碟。客人们看着忙碌的小段，似乎明白了什么。之后，小段发现客人们开始很自觉地将骨头、虾壳等杂物放在了骨碟里，而小段一发现客人骨碟里的杂物较多时，便及时给予撤换。

思考：餐厅接待服务人员应注意哪些礼仪规范？

## 四、综合实训

情景：李军一家三口参加了光亚旅行社组织的"成都—三亚六天五晚"旅游活动。在某晚入住酒店时李军的小孩没有吃好，肚子饿了，李军打了客房送餐电话。过了一会儿，李军想起第二天上午 8:00 要随团到蜈支洲岛去玩，害怕睡过头，于是打电话给总机说要提供叫醒服务。

1. 学生两人一组，一人扮演客房送餐电话接线员，一人扮演李军，按照客房送餐电话预订的要求进行训练。老师针对学生训练中出现的问题，指出解决思路。

2. 学生两人一组，一人扮演电话总机服务员，一人扮演李军，按照电话总机服务礼仪的要求进行训练。老师针对学生训练中出现的问题，指出解决思路。

3. 将学生分组，每组由一名学生扮演导游，其他学生扮演游客，模拟去蜈支洲岛的途中讲解。老师根据学生不同的表现进行点评，指出不足之处。

4. 将学生分组，每组由一名学生扮演导游，其他学生扮演游客，模拟在蜈支洲岛游玩的各种情况下，导游与游客之间的沟通协调礼仪。老师根据学生不同的表现进行点评，指出不足之处。

项目五

# 我国主要客源国礼仪

## 学习目标

知识目标：

1. 学习并掌握亚洲、美洲、欧洲等地区主要客源国的礼仪与禁忌。

2. 了解我国主要客源国在服饰、见面、拜访、接待、饮食等各方面的礼仪与禁忌，尊重各国、各民族的传统习俗与礼仪。

能力目标：

能够运用所学知识，在对外交往中更好地掌握各种国际礼仪，获得和谐的人际关系。

思政目标：

懂得尊重各国的礼仪、习俗与禁忌，增进了解，增强交往，促进和谐相处。

## 案例导入

### 送给意大利游客的手帕

国内某家专门接待外国游客的旅行社，在接待来华的意大利游客时准备送每人一件小礼品。该旅行社订购了一批杭州著名品牌的纯丝手帕，每个手帕上都绣着花草图案，十分美观大方。手帕装在特制的纸盒内，盒子上有旅行社社徽，是很像样的小礼品。中国的丝织品闻名于世，料想会受到客人的喜欢。

接待当日，意大利游客上车后，接待人员代表旅行社赠送给每位游客一盒手帕作为礼品。

没想到车上一片哗然，议论纷纷，游客们显出很不高兴的样子。特别是一位夫人，大声叫喊，表情极为气愤，还有些伤感。旅游接待人员一下慌了，没想到好心好意送人家礼物，不但不感谢，还出现了这种情况。

问题：为什么意大利游客收到礼物后是这样一种情况？中国人总以为“礼多人不怪”，这些意大利游客为什么就“怪”起来了呢？

# 任务一 亚洲国家的礼仪

在亚洲，我国的主要客源国有蒙古、日本、韩国、新加坡、马来西亚、泰国、印度尼西亚、印度、巴基斯坦、乌兹别克斯坦、哈萨克斯坦等国。

## 任务分析

本任务重点介绍韩国、日本、泰国、新加坡等国家的习俗礼仪、饮食习惯、礼仪禁忌等知识，应在实践中掌握及运用。

## 任务准备

## 一、韩国的礼仪

韩国国花：木槿花

### （一）韩国的礼仪习俗

1. 服饰礼仪

韩国的传统服装是“韩服”，它是韩国人在节日、纪念日或家庭性正式活动中的盛装。在正式的社交场合，韩国人讲究衣着整洁、庄重，着装不会过于前卫。韩国男子经常穿深色的西装、系领带；女子一般穿西式套裙。在韩国，着装过透过露、邋遢、衣冠不整是极为失礼的，会受人轻视。

2. 见面礼仪

在正规的社交场合，韩国人一般采用握手礼作为见面的礼节。男子见面，可相互行鞠躬礼并握手。与长辈握手时，还要以左手轻置于其右手之上，躬身相握，以示恭敬。异性之间不握手，以点头、鞠躬、微笑、道安表示问候。相见或分别时都要问候或致道谢词，若对方是有身份、有地位的人，往往要多次行礼。道谢时一定要低头致谢，低头程度视对方年龄、上下级关系而不同。韩国人初次见面时，常以交换名片的方式来相识，有些商人养成通报姓氏的习惯，并与“先生”等敬称一起用。

韩国人在称呼上多使用敬语和尊称。如果交往对象拥有能够反映其社会地位的头衔，韩国人在称呼对方时一定会使用。如果不熟悉的人相见时，可以使用“女士”“小姐”“夫人”“先生”等国际惯用和通用的称谓。

韩国人在公共场所不大声说笑，稳重有礼。韩国人受儒家文化的影响，女子十分尊重男子。男女双方见面时，总是女子先向男子行鞠躬礼，致意问候；男女同行时，总是男的在前，女的在后；男女同座时，男的坐上座，女的坐下座；聚会时，致辞以“先生们、女士们”开头。

3. 拜访、接待礼仪

在韩国，若有拜访必须预先约定，并按时赴约。韩国人的接待宴请一般在饭店或酒吧进行，配偶很少在场。如果应邀去韩国人家里做客，按照习惯要带一束鲜花或一份小礼物，最好挑选包装好的食品，用双手奉上，而受赠者不会当面把礼物打开。进入家庭或韩式饭店应脱鞋，将鞋子留在门口。记得穿袜子，韩国人视光脚为失礼的行为。不要随便参观主人房间。当客人离去时，主人送到门口，甚至送到门外，然后说再见。韩国人一般以咖啡、不含酒精的饮料或大麦茶招待客人，有时加上适量的糖和淡奶，这些茶点客人不能拒绝。

在韩国，晚辈对长辈、下级对上级规矩严格。如多人相聚，座次按照地位身份高低或年龄大小依次安排，身份地位高者或年长者排在前面或上座；与长辈同坐，坐姿要端正，决不可懒散；未征得同意，不能在上级、长辈面前抽烟，不能向其借火或接火。

4. 馈赠礼仪

在赠送礼品方面，韩国人反对崇洋媚外，倡导使用国货，宜选用鲜花、酒类、工艺品。韩国男性多喜欢名牌纺织品、领带、打火机、电动剃须刀等；女性喜欢化妆品、提包、手套、围巾类物品；孩子则喜欢食品。礼金用白色礼袋来装，而非红色。不宜送外国香烟给韩国友人，酒是送韩国男性最好的礼品，但不能送酒给女性，除非你说清楚这酒是送给她丈夫的。

5. 饮食礼俗

韩国的饮食风格介于中国和日本之间，以酸和辣为主要特点，忌油腻，通常会在食物中放大蒜，注重五色。在五色中，韩国人尤其看重红色，认为其具有“驱鬼辟邪”的作用。主食以米饭为主，菜肴以炖、煮、烤为主。韩国人喜欢吃各种鱼类、牛肉、鸡肉，尤其是狗肉，不太喜欢羊肉；最喜欢凉拌蔬菜和泡菜，还特别爱吃汤饭，如排骨汤饭、牛肉汤饭等。汤是韩国人每餐必不可少的，爱喝清汤和酱汤，有时汤中要放猪肉、牛肉、狗肉等。

韩国人用餐时，不大声说话，咀嚼声音小，尽量不谈商业话题。不可先于长者动筷。给长辈倒酒时要用双手，喝时要侧身用手掩以示敬意。受人敬菜时要礼貌地推让两次，第三次才欣然接受。如用传统餐桌用餐，宾主都要席地盘腿而坐，入座后不能将腿伸直，更不能叉开。吃饭时忌讳戴帽子。在大街上吃东西或在人面前擤鼻涕，都被认为是粗鲁的。

韩国男子好喝酒，喜欢烧酒、清酒、啤酒；妇女则多不饮酒。如果家中有贵宾上门，主人定会以好酒相待。此时，客人应尽量喝酒、多吃菜，吃得越多，主人觉得越有面子。在宴会上，韩国人从不自己斟酒，而是彼此斟酒，邻座酒杯一干，就再斟满。酒席上，女性可以为男性斟酒，但不给其他女性斟酒。

**知识链接**

### 韩国泡菜

韩国人爱吃泡菜，他们常说："泡菜对我们来说，就是民族传统饮食文化的象征之一。"

韩国泡菜是一种以蔬菜为主原料，各种水果、海鲜及肉类为配料的发酵食品。它不但味美、爽口，而且具有丰富的营养，是韩国餐桌上必不可少的食品。

韩国人在冬天腌制泡菜的风俗一直保持至今。泡菜的发酵程度、所使用的原料及容器、制作手艺不同，味道和营养各不相同。韩国泡菜种类很多，有萝卜、白菜、黄瓜等各类泡菜，且食用方法多样。

## （二）韩国的礼仪禁忌

韩国人忌讳颇多。在日常行为方面，逢年过节相互见面时，不能说不吉利的话，更不能生气、吵架；农历正月头三天不能倒垃圾、扫地，更不能杀鸡宰猪；忌杀正月里出生的狗；寒食节忌生火；婚期忌选单日；渔民吃鱼不许翻面，否则会翻船；忌到别人家里剪指甲；睡觉时忌枕书，否则读书无成；交接东西要用右手；照相在韩国受到严格限制，军事设施、机场、水库、地铁、博物馆以及娱乐场所都是禁止拍摄的对象，在空中和高层建筑拍照也都在被禁之列。

与韩国人谈话的时候，发音与"死"相似的"私""师""事"等几个词最好不要用。在韩国不宜谈及的话题有政治腐败、经济危机、意识形态、南北分裂、韩美关系等。

在数字方面，韩国人忌讳"4"这个数字，因其音与"死"相同，认为不吉利。在饮茶或饮酒时，忌饮 4 壶、4 杯、4 碗，还忌饮双壶、双杯、双碗，所以待客时主人总是以

"1、3、5、7"这些数字单位来敬酒或献菜，力避以双数停杯罢盏。

## 二、日本的礼仪

日本国花：樱花

### （一）日本的礼仪习俗

1. 服饰礼仪

日本人注重穿着，平时总是衣着大方，正式场合一般穿西服，有时也会穿自己的传统服装——和服。日本人认为衣着不整洁便意味着没有教养，不尊重交往对象，所以和日本人见面，一般不宜着装过于随便，特别是不要光脚、穿背心和短裤。穿和服要穿布袜和草履，手袋和发式也要搭配恰当。

2. 见面礼仪

日本是非常注重礼仪的国家，在社交场合忌高声谈笑，在外人面前大都笑容满面。见面一般都互致问候，脱帽鞠躬，很少握手。初次见面，互相鞠躬；熟悉的人会主动握手或深鞠躬，甚至拥抱；妇女则以深深一鞠躬表示敬意。如遇女宾，女方伸手方可握手，但不要用力或久握，遇到年长者亦然。日本人在行鞠躬礼时鞠躬的度数大小、时间长短及次数多少，往往与对对方的尊敬程度成正比。

与日本人初次见面通常要互换名片，否则被理解为不愿与对方交往。称呼日本人时，可称为"先生""小姐""夫人"，也可以在其姓氏之后加一个"君"字，尊称为"某某君"。只有在很正式的情况下才使用其全名。

日本人在待人接物上谦恭有礼，等级观念很强，凡对长者、上级、客人都用敬语，对晚辈、平辈、下级一般用简语。日本人常用的敬辞有"您好""请多关照""拜托您了""打扰您了"等。

**知识链接**

#### 屈体礼

日本人最常使用的行礼方式是"屈体礼"。"屈体礼"又可分为"站礼"和"坐礼"。行"站礼"时，双手自然下垂，手指自然并拢，随着腰部的弯曲，身体自然向前倾。接受晚辈行礼时，背和脖颈要挺直；平辈之间，腰要稍弯，脊背要直，头不宜向下垂，上身向前倾斜。“坐礼”一般在日本式房间的“榻榻米”（房内地板上铺的垫席）上进行，正规的坐法叫“正座”，即双膝并拢跪地，臀部压在脚跟上。

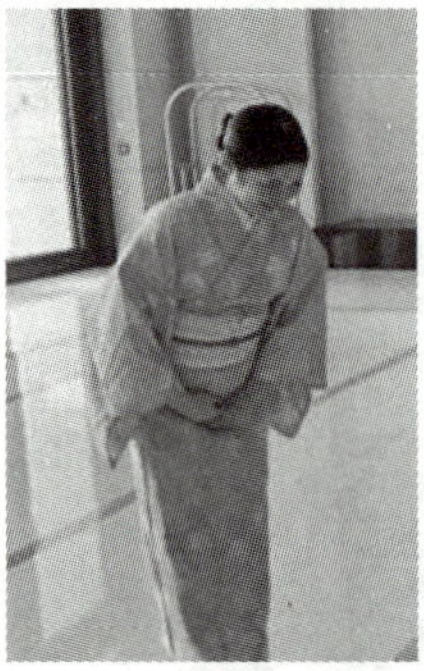

站礼

坐礼

3. 拜访、接待礼仪

日本人拜访他人时一般要避开清晨、深夜及用餐等时间。拜访前要预先约定，突然访问是失礼的。初次拜访应做自我介绍，递交自己的名片，并讲明介绍人的姓名及拜访目的。交换名片时，先由身份低者先递送。介绍第三者时，先将晚辈介绍给长辈，先将男子介绍给女子。

在门口要寒暄几句，进至屋里，落座后再正式交谈。在进日本式的房屋里，要先脱鞋，脱下的鞋要整齐地放好，鞋尖向着你进来走过的门的方向。如果是西式房屋，虽可穿着鞋进屋，但在进屋前一定要把大衣、风衣、围巾、帽子之类的衣物脱下行礼，离去时如没有主人劝说，应在出大门后再穿。进屋后放在主人指定的地方，如未见到主人应在坐垫的后面等候，待主人招呼之后再坐到客座或坐垫上。如属有事访问，应迅速进入话题，及早结束；如属家庭访问，不宜超过两个小时。除特意招待吃饭外，应在吃饭时间前离去。辞别时禁忌将坐垫倒翻过去或用脚踏他人的坐垫。

男性不能一人到单身女性房间去拜访，如有事可约好在附近酒馆或茶馆里见面。在天气炎热时，主人没有请客人宽衣，不能随便脱衣。如需宽衣，应先征得主人的同意。在一般场合，光穿背心或赤脚是失礼的。日本人一般不用香烟招待客人，若客人要吸烟，应先征得主人的同意，以示尊重。如需谈话，应到休息室或房间交谈，与人说话不要凝视对方。

4. 馈赠礼仪

日本人在拜访他人时常带些礼物，品种视情况而定。过去多为酒和鱼干之类，现在送一些土特产和工艺品更受欢迎。礼品一般送奇数，日本习惯以奇数表示“阳”“吉”，偶数表示“阴”“凶”，故礼品数目最好为“5、7”等。喜欢樱花、松、竹、梅、乌龟、仙鹤图案。礼品颜色也有讲究，吉事礼品应为黄白色或红白色，不幸事送礼应为黑色、白色或灰色等。

5. 饮食礼俗

日本人的饮食特点是清淡新鲜，保持原汁原味。日本饭菜通常称为“料理”，日本料理又称为“五味、五色、五法”料理。日本的主食以大米和面条为主。传统的日本料理主食是米饭，配以鱼类、肉类、蔬菜、酱菜和汤等副食，特点为生、凉、油脂少、分量少、种类多、颜色好看，味道香、丰、熟、甘、嫩，非常讲究食器的选择。典型的日本料理有：寿司、拉面、生鱼片、铁板烧、酱汤等，此外，还有饭团和便当。其中，生鱼片最为著名，堪称日本菜的代表。“便当”和“寿司”是最受欢迎的两种传统方便食品。日本人喜欢吃中国的广东菜、北京菜、上海菜。日本人在开始用餐时，先说一句“那就不客气了”或“那我就先吃了”，然后才能拿筷子。吃完饭后还需有礼貌地说“我吃好了”或“我吃饱了”。

酒与茶是日本人最喜爱的两种饮品，喜欢在餐前和餐后喝一杯茶，尤其是绿茶。还喜欢喝中国的绍兴酒和茅台酒。

日本人饮酒时，认为将酒放在桌子上，让客人自己斟酒是失礼行为。一般情况下，客人接受头一杯酒为礼节，客气地谢绝第二杯酒却不为失礼。但是谢绝了第二杯酒的客人，千万不要将酒杯倒放，要等大家喝光酒后，一起把酒杯倒放在桌上，才是礼貌做法。

日本茶俗最引人注目的便是茶道。讲究“和、敬、清、寂”四规的茶道，有一整套点茶、泡茶、献茶、饮茶的具体方法。茶道仪式可分为庆贺、迎送、叙事、叙景等不同内容。另外，日本茶道非常讲究茶具的选配，一般选用的多是历代珍品或比较贵重的瓷器。品饮时，还须结合对茶碗的欣赏，连声赞美，以示敬意。此时，主人宽慰点头，把茶碗端走。茶道完毕时，女主人还会跪在茶室门侧送客。

### （二）日本的礼仪禁忌

日本人在日常生活中有很多讲究，忌高声说话、定睛凝视他人、手插在衣袋里以及用手指人，这都是对人不恭敬的做法；忌讳三人并排合影，认为被夹在中间者会遭遇不幸；寄信时切忌倒贴邮票，因为这表示断交。

在颜色方面，日本人不喜欢紫色，认为它代表悲伤；最忌讳绿色，认为是不祥的颜色。在花卉方面，不喜欢淡黄色或白色的花卉及花卉图案；忌讳荷花图案，因为荷花为祭奠用花；一般人也不能使用菊花图案，因为菊花为皇室专用；探视病人，忌用仙客来、山茶花为礼。

在数字方面，最忌讳“4”和“42”，因为“4”发音近“死”，“42”是“死”的动词形。还不喜欢“6”和“9”，“6”是强盗的标记，“9”与“苦”同音。受西方影响，不少人也避开“13”，更忌讳星期五逢 13 日。送日本人婚礼礼金时要避免偶数，因为日本人认为偶数容易导致夫妇分裂。

在赠送礼品方面，忌赠送易碎易破的物品为结婚礼品，因为“破碎”意味着良缘破裂；梳子不能单独送，因为日语中“梳子”和“苦死”谐音，表示极其辛苦；不能用手绢作礼品，因为它会让人联想到擦眼泪，意味着分离。

在饮食方面，日本人用筷子忌讳“八筷”，即舔筷、迷筷、移筷、扭筷、插筷、掏筷、跨筷、踢筷。宴客的时候，忌讳将饭盛得太满，且不许一勺盛一碗饭，客人也不能只吃一碗饭。此外，切忌用一双筷子给宴席上所有的人夹菜。

## 三、泰国的礼仪

泰国国花：金链花

### （一）泰国的礼仪习俗

1. 服饰礼仪

泰国人着装比较讲究，各个民族都有自己的传统服饰。泰国人喜欢鲜艳的颜色，用不同的颜色代表不同的日期，如黄色表示周一，粉色表示周二，绿色表示周三，橙色表示周四，淡蓝色表示周五，紫色表示周六，红色表示周日。

由于气候炎热，泰国人平时多穿衬衫、长裤与裙子。在正式社交场合，男子通常穿深色的西装，打领带；妇女穿民族服装，也可穿裙子。在公共场合，尤其是在参观王宫、佛寺时，忌穿背心、短裤和超短裙，否则被禁止入内。

在泰国，每天都要更换衣服、洗衣服、熨衣服，否则被认为没有洗澡，不讲卫生，不尊重他人。泰国人特别喜欢妆饰，并且国家对此有具体要求，泰国男子戴戒指、项链的也很普遍。

2. 见面礼仪

泰国人在见面时双手合十于胸前，低头说"萨瓦迪"（你好），这种合掌问候方式在泰语称为"威"，"合十礼"后可不再握手。晚辈向长辈行礼时，双手合十举过前额，长辈也要双手合十回礼。年纪大或地位高的人还礼时双手不必高过前胸。如果要迎接贵客，在行合十礼后，要往客人颈项上挂一串花环或花串表示欢迎。行合十礼时，双手举得越高，表示尊重程度越高。别人向你行合十礼后，你必须还礼，否则就是失礼，僧人一般无须还礼。随着社会的发展，在外交和一些正式场合，泰国人也按国际习惯握手致意，但常人不能与僧侣握手，男女之间见面时不握手。

泰国人在特定场合行跪拜礼：泰国平民遇见王室成员或高僧，须行下跪礼；国王拜见高僧的时候要下跪；长者在座，晚辈应坐地或蹲跪，头的高度不可超过长者；儿子出家为僧，父母也跪拜在地。

泰国人不用姓氏而用名字称呼，泰语中的"坤恩"意指先生、小姐、太太，男女适用。在交际场合，泰国人习惯以"小姐""先生"等国际上流行的称呼彼此相称。

3. 拜访、接待礼仪

泰国人对待时间和计划的态度不是十分严苛，社交活动常常不会准时开始，突然的到访也不会视为不合时宜。但事先约定是必要的，准时赴约是礼貌的标志。应邀到泰国人家里做客，进屋前要按习俗脱鞋。一般情况下，小小的纪念品可作为礼物相赠，鲜花是合宜的礼物。作为客人，应对主人的家庭和住房表示感兴趣，但不要过分赞美某样东西，以免主人觉得非把它送给你不可。

在公共场合，泰国人习惯于做自我介绍，也可以询问别人的名字及其他情况。在交谈时，泰国人习惯细声低语，应回避有关政治、王室和宗教方面的话题。与人交谈时不能用手指指点点，使用手势要适度；不能戴着墨镜与人交谈。从坐着的人面前走过时，要略微躬身，表示礼貌。

在公共场合男女之间不可有太过亲密的举动，如拥抱、亲吻或握手等被认为有损风貌。即使在公开场合跳舞时，也不可有身体接触。

4. 馈赠礼仪

与泰国人交往，首次见面通常不必送礼物。如果应邀到泰国人家中做客，可以给主人送水果、鲜花（但不能送康乃馨和万寿菊）、蛋糕、包装好的食用油、糖果或其他食品。礼物通常应用纸包装好，并以右手递给受礼者，主人不会当着你的面打开它。当泰国人送给你一件礼物时，在接受礼物前应先双手合十向他们表示感谢，但不要当面打开，除非对方要你当面打开，不然会显得很失礼。

5. 饮食礼俗

泰国人讲究菜品的鲜嫩程度，注重风味特色。泰国人的主食为大米，爱吃小蛋糕和干点心，副食品主要是鱼和蔬菜。喜欢辣味和煎、炸、炒的菜肴，不爱吃红烧食物和甜味菜肴。不吃海参、牛肉。泰国菜偏酸辣，最著名的菜品是泰式酸辣虾汤。泰国人做饭离不开两样东西：辣椒和柠檬。泰国人最爱吃的民族风味是咖喱饭，还喜欢吃鱼露。槟榔和榴梿是泰国人最喜欢吃的水果。

泰国人就餐时，习惯围着低矮的圆桌跪坐，若一同用餐者有长幼或者辈分之分，则由靠近墙壁或者是离门最远的上手座位开始起，依次落座。食物放在桌子的中央，用餐桌中央的公用筷夹菜。就餐时，有的用叉子和勺子，有的用右手抓取食物享用。用勺子舀食物的时候，从靠身体的内侧向前方舀起，在喝汤时，要沿着勺子的边缘喝，且要慢慢地，不要发出太大的声响。另外，要等每一个人面前都有汤时才可以喝。

泰国人不喝热茶，而习惯喝冰茶，喝饮料、咖啡也同样喜欢配上些冰块。冰茶用红茶来做，冲好后要放糖和牛奶，可以解暑解热。喝橘子汁或酸橙汁时，总喜欢在里面加放点盐。吃很辛辣的食物时最适合的饮品是当地的啤酒，能很好地去除辣味。

### （二）泰国的礼仪禁忌

泰国人的禁忌很多，例如，睡觉时不能头朝西，因日落西方象征死亡。在民间，禁止狗的图案。泰国人家里大都不种茉莉花，因其发音在泰语里类似“伤心”。泰国人认为左手不净，忌用左手传递东西、接拿物品；忌用手指指对方；忌讳别人拿着东西从他们头上掠过。不可以踩踏门槛。夜间不能开窗户。与泰国人交谈时，不要将泰国称为“暹罗”；不要谈论政治和宗教方面的话题；绝不允许议论或者打听国王及王室的秘密。

泰国人有“重头轻脚”的讲究。头颅是智慧所在，除和尚之外，任何人都不能随便触摸别人的头部。脚被认为是低下的，忌用脚把东西踢给别人，否则为失礼；如用脚踏门，会受到人们的指责；端坐时最忌跷腿；把鞋底对着别人，被认为是把别人踩在脚下，是一种侮辱性的举止；忌用脚尖撞人或指人。妇女就座时双腿要并拢，否则被认为缺乏教养。

在颜色方面，泰国人喜欢红色、黄色、蓝色；忌讳褐色，忌用红色的笔签名或刻字，因为泰国人死后，要用红笔在棺材上写上其姓氏。过去白色用于丧事，现在改为黑色。

## 四、新加坡的礼仪

新加坡国花：卓锦・万代兰

### （一）新加坡的礼仪习俗

1. 服饰礼仪

新加坡人的国服是以胡姬花作为图案的服装。在国家庆典和其他一些隆重的场合，新加坡人经常穿着自己的国服。新加坡不同民族的日常穿着各具特色，华人男士多穿长衫、长裤，华人妇女多穿连衣裙和旗袍。马来族男子头戴“宋谷”，上身穿“巴汝”，下身穿纱笼；女子上衣宽大如袍，下穿纱笼。印度族是男子缠头，女子身披纱丽。

在正式宴会上，男士穿西装、系领带，女士则穿套装或深色长裙。此外，政府部门对其职员的穿着要求较严格，在工作时间不准穿奇装异服。文职官员衣着较为规范，一般是短袖白衬衫、西装裤、系领带。在很多公共场所，衣着过分随便者，如穿牛仔装、运动装、沙滩装和过于暴露的衣服，往往被禁止入内。

在颜色方面，新加坡人偏爱红色，视红色为庄严、热烈、刺激、兴奋、勇敢和宽宏之象征；也喜欢蓝色和绿色；对白色也普遍看好，视之为纯洁和美德的象征。

2. 见面礼仪

新加坡政府注重保护各民族的传统，因此新加坡的礼仪与习俗也呈现出多元化的特点。华人往往习惯于拱手作揖或者行鞠躬礼；马来族人大多采用其本民族传统的“摸手礼”，即先用双手互相接触，再把手收回放到自己胸部；印度族人，亲朋相见行合十礼，不宜握手或拥抱，男女之间更忌握手或拥抱，年轻一代则大多采用西方国家的握手礼。在社交活动中，新加坡人与客人相见时，一般都行握手礼。男女之间可以握手，但对男子来讲，比较恰当的方式是等妇女先伸出手来再行握手。

新加坡人在介绍时，通常应称呼其“先生”“太太”“小姐”。在他人自己提出要求的情况下可以直呼其名，否则按照规矩以姓相称。如果被要求使用其头衔，则照办。交谈时要多使用谦语、敬语。受新加坡人青睐的话题，主要是运动、旅游、传统文化及有关经济建设方面的成就等话题。新加坡华人乡土观念极强，用“家乡话”与其进行交谈会大受欢迎。

新加坡普遍使用名片，双方首次会面要互换名片，名片最好是中英文对照。但政府规定，当地政府官员不得使用名片。

3. 拜访、接待礼仪

在新加坡，朋友和同事之间经常不事先约定就互相走访。如果你和主人不太熟悉，不要贸然登门拜访主人，应预先约好时间。新加坡人时间观念较强，要准时赴约，这是对他人的尊重和礼貌。到新加坡人家里做客时，可以带一些小礼物，这样女主人会很高兴。

新加坡人招待的方式通常是请吃晚饭或午餐。当地人一般不会邀请初次见面的客人吃饭；主人对来访者有所了解后，可举行正式宴会，并在席间洽谈业务；同样，来访者也不应急于请客，经常不断的会见使双方更为接近，到那时互相宴请也为时不晚。只要不是公事宴会，客人可携同妻子出席。无论如何，不要在进餐时间之前拜访，这样会使别人感到他们不得不请你留下来吃饭。如果你去别人家吃晚饭，饭后要帮着做清洁工作，尽管主人通常不要你帮忙。

4. 馈赠礼仪

在新加坡，应邀去家里做客，客人带一份礼物（一盒巧克力或一束鲜花），女主人将会很欣赏。如果想选其他礼物，可以参考新加坡人喜欢吉祥字、吉祥画以及重视传统民俗的习惯，选购带有“福”“吉”“鱼”等字的吉祥字或画有表示“和平”的荷花，表示“力量”的竹子，表示“幸运”的蝙蝠等的吉祥画。如果考虑送一些带有地方特色的礼物，一定要确保这些礼物不与新加坡人的信仰和风俗习惯相冲突。新加坡人认为当着送礼人的面打开礼品的做法是不礼貌的，因此，当你告辞时见到礼物仍原封不动地放在一边，千万别见怪。新加坡的马来人和印度人可以接受礼物，但不提倡送礼。

新加坡政府严禁贪污受贿行为，因此不要随便送礼给新加坡客户，尤其是政府客户。应避免赠送任何可能构成贿赂行为的礼品。较适宜的礼品是钢笔、办公用的小装饰品、名片夹等。对华人来说，最好的礼品是来自中国的工艺品。

**知识链接**

**“换橘子”**

新加坡华人拜年一定要带两粒包装精致的柑橘，送柑橘表示“大吉大利”“好事成双”“两粒黄金”等多重意义。主人收下两粒柑橘后，等客人要离开前，也要回赠两粒柑橘，新加坡人俗称为“换橘子”。所以，柑橘成为新加坡华人农历新年前必须采购的年货之一。

5. 饮食礼俗

新加坡是一个多民族的国家，其饮食也丰富多彩，可以品尝到各种美食，主要有中式美食、西式美食、马来西亚美食、印度美食等。

新加坡居民中，华人占74%左右，绝大多数祖籍为广东、福建、海南和上海等地，饮食习惯上中餐是他们的最佳选择。他们喜欢清淡，微甜味道；主食以米饭为主，爱吃海鲜；爱喝啤酒、葡萄酒等。新加坡人普遍喜欢饮茶，客人来时，常以茶水招待。农历新年，新加坡华人喜欢饮佐以橄榄的“元宝茶”，意为“财运亨通”。

平时在设宴款待新加坡人的时候，切记在安排菜单方面注意民族的禁忌。如马来族人忌食猪肉、狗肉、自死之物和动物的血，不吃贝壳类动物，不饮酒；印度族人不吃牛肉等。新加坡人不讲排场，注重节约，用餐时不要点过多的食物，答谢宴会不宜超过主人宴请的水平，以免对方产生其他想法。

### （二）新加坡的礼仪禁忌

在行为方面，坐着时应端正规矩，不能将双脚分开、交叉双脚或跷二郎腿。站立时应体态端正，而不把双手放在臀部，因为那是发怒的表现。对男子留长发极为反感，认为是可耻的；忌讳口吐脏言；忌讳说“恭喜发财”，认为是教唆他人发不义之财；忌讳用左手传递东西或食物。大年初一，不许扫地，认为这样会扫走好运；新年期间不能打破屋里的东西，尤其是不要打破镜子，因为那将预示着家庭的分裂或发生其他不幸的事；不穿旧衣，不用针和剪刀，认为它们会带来坏运气。在社交性的谈话中，切忌议论政治得失、种族摩擦、宗教是非和配偶情况等，可交流旅行方面的经验及见闻。在不太了解别人之前，最好少开玩笑。

忌讳乌龟图案，认为是不祥之物，喜欢红双喜、大象、蝙蝠等图案。

新加坡人视黑色为倒霉、厄运之色，紫色也不受欢迎，视为不吉利。

在数字方面，不喜欢“4”“7”，“4”的发音与“死”相仿，而“7”被视为一个消极的数字。在新加坡华人看来，“3”表示“升”，“6”表示“顺”，“8”表示“发”，“9”表示“久”，都是代表吉祥的数字。

**课堂讨论**

你如何看待亚洲各国旅游业的发展？

**任务实施**

查找并相互讨论交流亚洲各国常见礼仪规范与禁忌。

## 任务二 欧洲国家的礼仪

对于我国来说，欧洲的主要客源国有英国、法国、意大利、俄罗斯等。

**任务分析**

本任务重点介绍英国、法国、意大利、俄罗斯等国家的礼仪习俗、禁忌等知识，应在实践中掌握及运用。

任务准备

## 一、英国的礼仪

英国国花：玫瑰

### （一）英国的礼仪习俗

1. 服饰礼仪

英国人讲究穿戴，注重服装的得体与美观，在服装的面料、样式、颜色搭配上十分在意，与服装搭配的各色帽子和女性的配饰也很讲究。在某些特定的正式场合，英国人还保留不少传统服装。

在交际应酬中，英国人非常重视“绅士”“淑女”之风。在参加正式宴会时，男士要穿三件套的深色西服，打传统保守式的领带，扣好长衬衫袖口的扣子，穿黑色系带皮鞋。女士穿深色套裙或是素雅的连衣裙。在出席宴会或晚会时庄重、肃穆的黑色服装是首选，还须熨烫挺括。

英国人在用餐服饰上也非常讲究，某些正式的西餐厅禁止穿着不正式的客人入内用餐，男士应穿西装，女士要穿礼服。参加小范围的讲座，衣着随意；参加大型讲座，老师要穿着正式，学生随意，但是不要太邋遢或者太新潮。参加小型家庭聚会最好在平时的基础上，稍微变化一些，但不要太隆重。英国人在日常生活中比较流行穿便装夹克、牛仔服、T 恤、运动服等。

**知识链接**

**苏格兰方格裙**

苏格兰方格裙起源于一种叫“基尔特”的古老服装，是从腰部到膝盖的短裙，用花呢制作，布面有连续的大方格图案。在 17—18 世纪，苏格兰高原部落之间的战争终年不休，战场上的男人们便以所穿的格子图案来辨认敌我。19 世纪以后，这种高地人的传统服饰，逐渐被低地人接受，成为苏格兰民族特色的标志。

据说，英国苏格兰格子注册协会记载着几百种不同的格子图案，有些以姓氏命名，代表着不同的苏格兰家族。黑灰格被称为“政府格”。也有特别为皇室成员定制的格子图案，称为“贵族格”。

一套正式的苏格兰方格裙及其配饰包括：长度及膝的方格呢裙、色调与之相配的背心和花呢夹克、礼服衬衫、领带或领结、长筒针织袜、皮带、帽子、毛皮带、匕首、吊带条、粗革皮鞋。有时肩上还斜披一条花格呢毯，用别针在左肩处固定。现在，苏格兰高地的居民在喜庆联欢时，总是穿上漂亮的方格裙，吹奏欢快的风笛，跳起舞蹈。

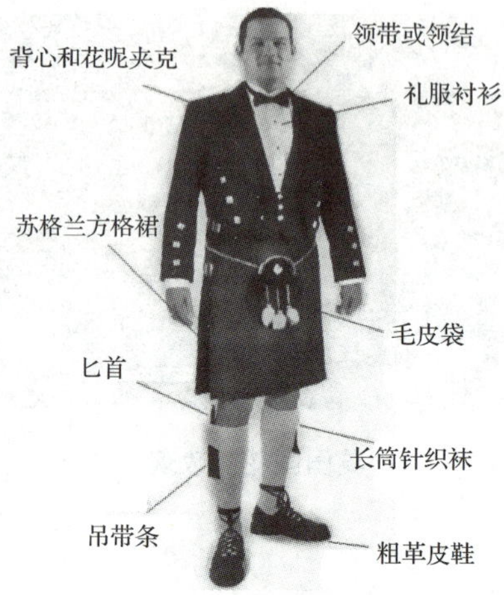


一套正式的苏格兰方格裙装束

2. 见面礼仪

英国的社交礼仪丰富多彩，如鞠躬礼、点头礼、举手注目礼、握手礼、吻手礼、亲吻礼、拥抱礼。英国人在彼此第一次认识时，喜欢用握手表示友好。初次见面握手时，一般是由妇女、地位高的或年纪大的先伸手，另一方再伸手。妇女握手时不必摘下手套。若两个人相识，双方只需简单相互问候。英国人讲究引见有顺序。在进行介绍时，一般先少后长，先低后高，先次后要，先客后主，先女后男，先未婚妇女后已婚妇女。社交性的家庭访问一般不递送名片，但送礼和进行业务访问时需递送名片。

无论对方的性别，英国人往往用“亲爱的”称呼别人，这只是一种习惯。亲友和熟人之间常用昵称。英国人重视荣誉和身份，尊重传统和资历，在称呼时常常使用世袭头衔或荣誉头衔，可将其姓名连同职业一起称呼，也可称呼其职业名称，至少要用先生、夫人、阁下等称呼。在正式场合一般要有全称。由于历史的原因，英国各地区的人十分重视自己的民族特性，他们对“英国人”这一笼统的称呼极为反感，最好将其分别称为“英格兰人”、“苏格兰人”、“威尔士人”或“北爱尔兰人”，如采用“不列颠人”这一统称也行。

“女士优先”是英国男子崇尚的绅士风度，也是社交场合必须遵循的原则。在日常交谈中，英国人十分客气，常使用“请”“谢谢”“对不起”等礼貌用语，即使是家庭成员间也一样。和英国人交谈时最好谈天气、历史、建筑和园艺等内容。英国人谈话时一般以保持 50 厘米以上的距离为宜。坐着谈话时，忌把两腿张得过宽或跷二郎腿；站着谈话时不能手插口袋。在众人面前，忌讳相互耳语或拍肩背。随便拍打别人被认为是无礼的行为。

3. 拜访、接待礼仪

英国人时间观念很强，拜会或洽谈生意，访前必须预先约定，并准时赴约，提前几分钟到达为好。无故迟到很不礼貌，到得太早也不必要。如因故延误或临时取消约会，要设法通知对方。英国人下班后不谈公事，特别不喜欢就餐时谈公事，也不喜欢邀请有公事交往的人来自己家中吃饭，商务招待活动大多数安排在宾馆饭店或餐馆进行。英国的宴请方式多种多样，主要有茶会和宴会，茶会包括正式和非正式茶会。

英国人的午餐比较简单，对晚餐比较重视，视其为正餐，因此，重大的宴请活动大家都放在晚餐时进行。邀请他人赴宴最少提前 10 天发出请帖，收到请帖后要尽快答复能否出席。按照请帖注明的着装要求着装。有变故时应尽早通知主人，解释并道歉。在正式的宴会上，一般不准吸烟，进餐吸烟被视为失礼。英国人在席间不布菜也不劝酒，客人自取。一般要将取用的菜吃光才礼貌，喝多少酒随客人自便，不喝酒的人在侍者斟酒时，将手往杯口一放就行。在告辞握别时表示感谢，受到款待之后一定要写信致谢。

英国人一般不邀请客人到家中用餐。若应邀赴英国人家中做客，只是一种社交场合，不是公事，早到是不礼貌的。在主人家待得太晚是很不礼貌的。如果只是邀请你共进晚餐和聊天，那么你最好在晚上 10 点至 11 点之间离开或者餐后 1 小时告别。如果你被邀请留下来住几天或度周末，在离开之前应特意买束花送给女主人，这会使她非常高兴。另外，离开后的第二天要发一封便函向主人致谢，并随附一件小礼品。

去英国人家里做客，最好带些价格不高的礼品，如巧克力、酒水、鲜花等。赠送鲜花和巧克力最为合适，苏格兰威士忌是很通行的礼品，烈性威士忌则不然。他们常常当着客人的面打开礼品，无论礼品价值如何或是否有用，主人都会给予热情的赞扬表示谢意。在英国，邀请对方吃午餐、晚餐，或到酒吧喝酒，或观看戏剧、芭蕾舞等会被当作送礼的等价。

4. 馈赠礼仪

在人际交往中，英国人不欢迎贵重的礼物。涉及私人生活的服饰、各种化妆产品、香水，带有公司标志与广告的物品，亦不宜送给英国人。鲜花、威士忌、巧克力、工艺品以及音乐会票，则是送给英国人的适当之选，他们也非常喜欢中国传统的瓷盘、花瓶，因其所费不多不会被误认为是贿赂。

在英国，可以选择送花来表示心意。但一定要记住，千万不可送菊花和白色百合，因为菊花在欧洲国家都只用于万圣节或葬礼，白色的百合花在英国象征死亡。另外，每一种花的花语不一样、花的数量不一样，所表示的心意也不一样，一定要注意。

5. 饮食礼俗

英国人的饮食清淡酥香，不喜欢辣味，具有“轻食重饮”的特点。日常的食物除了牛奶、面包、火腿、牛肉、甜食之外，就是土豆、炸鱼和煮菜。早餐一般吃麦片、三明治、奶油点心、煮鸡蛋等，饮果汁或者牛奶。午餐比较简单，午后要饮下午茶，通常喝茶，吃面包、点心。晚餐最讲究，吃鸡肉、牛肉等，晚餐还喜欢喝酒。英国人不吃狗肉，不吃过咸、过辣的菜肴。每餐后都喜欢吃水果，夏天爱吃各种水果、果冻、冰激凌，冬天则爱吃蒸的布丁。

英国人喜欢喝茶，尤其好饮红茶，特别崇尚汤浓味醇的牛奶红茶和柠檬红茶。英国人喜欢喝威士忌、啤酒、苏打水、葡萄酒和香槟酒，一般不饮烈性酒。

英国人用餐讲究座次、服饰、方式。正式的宴会一定要穿礼服。在家庭聚会或者其他的聚会，座次安排以男女相间为主，已婚夫妇会被分开，已订婚的夫妇被安排坐在一起。在用餐的过程中，应尽量保持和身旁的人交谈。用餐时，刀叉从外往里使用；不要发出响声，更不可高谈阔论；注意保持用餐进度，要跟随大家的节奏；适量饮酒，避免上卫生间。在餐桌上，一般谈一些轻松愉快的话题，不谈论金钱、工作、政治和宗教等方面的话题。用过餐之后，女主人一般会将女士们带到客厅，享用咖啡或者酒，再聊一些休闲的话题。这时男士们可以留下聊些时政话题，再到客厅享用咖啡。

如果客人有忌口的或特别要求，一定提前告诉主人。坐在餐桌面前和就餐时，身体保持直立。咀嚼食物的时候不要张嘴，不能发出很大的声音。咀嚼食物或谈话的时候，将刀叉放下。不要舔刀，不能把刀放进嘴里。用餐时，不能把双肘支在桌子上。不要越过别人的盘子去夹东西，够不到可请人帮忙。吃面包时用专用的黄油刀来涂抹，不要将面包屑掉到放黄油的小碟子里。喝汤要用汤勺，汤勺从汤碗的中间舀，尽量不要让汤勺接触到碗壁。餐巾放在膝上，不能用来擤鼻涕，只能接触嘴唇。如果吃完了，将刀叉并排放在盘子中，叉子放在刀的左边，叉子齿朝上。

**知识链接**

**英式下午茶**

英国维多利亚时代，英国贝德芙公爵夫人安娜女士，每到下午时刻就意兴阑珊、百无聊赖，此时距离穿着正式、礼节繁复的晚餐还有段时间，又感觉肚子有点饿了，就请女仆准备几片烤面包、奶油以及茶以果腹。后来安娜女士邀请几位知心好友享用茶与精致的点心，同享轻松惬意的午后时光。当时文化艺术蓬勃发展，人们醉心于追求精致的生活品位。所以，一时之间，这一行为在当时贵族社交圈内蔚为风尚，形成一种优雅自在的下午茶文化，被称为“英国下午茶”。

一般来讲，下午茶的专用茶为祁门红茶、大吉岭茶、伯爵茶、锡兰红茶。正统英式下午茶的点心用三层点心瓷盘装盛，第一层放三明治，第二层放传统英式点心司康，第三层则放蛋糕及水果塔。由下往上开始吃，由咸到甜。

下午茶会是仅次于晚宴和晚会的非正式社交聚会。下午茶最初只是在家中用高级、优雅的茶具来享用茶，后来渐渐演变成招待友人欢聚的社交茶会，进而衍生出各种礼节，目前形式已简化不少。虽然下午茶已经简单化，但是茶的正确冲泡方式、精致的茶具摆设、丰盛的茶点这三点则被视为下午茶的传统而继续流传下来。

### （二）英国的礼仪禁忌

英国人很注重礼貌、风度、修养，与其打交道时，需要了解他们的主要礼仪禁忌。

在行为方面，英国人忌讳当众打喷嚏；忌讳把鞋子放在桌上；忌讳在屋子里撑伞；忌讳从梯子下面走过；忌用人像作商品装潢；忌讳购物砍价；忌送百合花、菊花；不系杂色领带。

英国人用手敲鼻子时，表示的是秘密；而耸动肩部，则表示疑问，或者不感兴趣。用食指和中指表示“V”字胜利之意时，手心一定要朝外，手背朝外是极不礼貌的。在排列位次时英国人认定“右高”，走路时人们则讲究先伸出右脚。英国人将盐弄撒了认为是朋友争吵和断交的预兆，应立即再抓些盐从左肩抛出，以解除忌讳；将打碎镜子视为不祥之兆，解救的方法是当月圆时，偷偷将自己口袋里的硬币翻个面，以“逢凶化吉”。

在英国，忌讳问私事；公职人员在工作之余忌言公务；言谈切勿涉及王室、教会以及英国各地区之间的矛盾，特别是不要对女王、王位继承和北爱尔兰独立问题说三道四。

英国人平时十分宠爱动物，猫和狗都很喜欢，但十分厌恶黑色的猫。此外，他们不喜欢大象，视为蠢笨之物；视山羊为“不正经”；视孔雀和猫头鹰为灾难之鸟。英国人忌讳人像以及大象、孔雀、猫头鹰等图案；在握手、干杯或摆放餐具时，无意之中出现了类似十字架的图案，他们认为十分晦气，会带来不幸。在色彩方面，英国人偏爱蓝色、红色与白色，它们是英国国旗的主要色彩；不喜欢墨绿色。

英国人忌讳数字“13”与“星期五”，当二者恰巧碰在一起时更忌讳。此外，英国人还忌讳“3”和“666”。

## 二、法国的礼仪

法国国花：香根鸢尾

### （一）法国的礼仪习俗

1. 服饰礼仪

法国时装在世界上享有盛誉，选料丰富、优异，设计大胆，制作技术高超，使法国时装一直引导世界时装潮流。所谓“巴黎式样”，即与时尚、流行含意相同。在正式场合，法国人通常要穿西装、套裙或连衣裙，颜色多为蓝色、灰色或黑色，质地则多为纯毛。出席庆典仪式时，一般要穿礼服。男士所穿的多为配以蝴蝶结的燕尾服，或是黑色西装套装；女士则多为连衣裙式的单色大礼服或小礼服。对于穿着打扮，法国人认为重在搭配是否得法。在选择发型、手袋、帽子、鞋子、手表、眼镜时，都十分强调要使之与自己的着装协调一致。在社交活动中，法国女性一定要化妆，并佩戴首饰；男士要剃须修面，头发梳理整齐。

2. 见面礼仪

在人际交往中，法国人的见面礼节主要有握手礼、拥抱礼和吻面礼。握手礼是通常的问候方式，握手时间不宜过长，女士、长者、上级先伸手。少女通常向妇女施屈膝礼。男子戴礼帽时，还可施脱帽礼。法国人的吻面礼有严格的区分：见到久别重逢的亲友、同事，贴脸或亲脸颊；长辈对晚辈则是亲额头；夫妇和情侣之间接吻。与法国人会面，可由第三者介绍，也可自我介绍，自我介绍应讲清楚姓名，或主动将名片送给对方。用于与法国人交换的名片，要把自己的身份印在名片上。

法国人会面，一般称姓不称名，再加上“先生、夫人（女士）、小姐”等敬称或冠以对方的头衔、职务、学衔等；朋友之间叫名不称姓；亲属或好友之间叫名或用爱称。女子未婚时一般使用父姓，结婚后使用夫姓，改嫁后也要易姓，现在法律规定女子结婚后有权保留父姓。

法国人在谈话时，用“您”表示尊敬、重视、距离。在跟一个不太认识的人、一个比自己年长的人或自己的上司说话时，人们一般用“您”称呼对方。“你”表示爱和友谊。朋友之间，从“您”到“你”的转变常常是自然的。在未得到许可时不能用“你”跟一个比自己年长的人说话。法国人有绅士风度，尊重妇女，在社交场合处处体现着“女士优先”原则。“请”“对不起”“请原谅”“谢谢”“很高兴为您服务”等礼貌用语随时挂在嘴边，尤其是“谢谢”二字，夫妻、子女之间每天“请”“谢谢”“对不起”等礼貌用语也不绝于口。

法国人热情幽默，谈吐文雅，爱好社交，善于交际，具有良好的社交风范。他们不喜欢不爱讲话的人，对愁眉苦脸者难以接受。他们用耸肩表示高兴，谈话过程中经常用手势来表达或强调自己的意思，但他们的手势与我国的有所不同。例如，我国用拇指和食指分开表示“八”，他们则表示“二”；表示“是我”这个概念时，我们指鼻子，他们指胸膛；他们还把拇指朝下表示“坏”和“差”的意思。在同人交谈时，他们喜欢相互站得近一些，认为这样显得亲切。与法国人交谈时，如能讲几句法语，一定会使对方热情有加。法国人特别注重隐私，切不可打听个人及家庭情况；对法国人嘘寒问暖表示关心是极不礼貌的。在公共场合不可高谈阔论、大声喧哗。

3. 拜访、接待礼仪

与法国人打交道，约会必须事先约定，并且准时赴约，但是也要对他们可能姗姗来迟事先有所准备。晚上 10 点过后，勿打电话给他人。圣诞节及复活节前后两周不宜拜访。7 月 15 日—9 月 15 日为法国人度假期，这段时间不宜谈生意。

法国人宴请宾客一般会提前数日发出邀请。午宴一般在 12 点 30 分或 13 点 30 分；晚宴一般在 18 点或 18 点 30 分，主人开始招待客人，19 点或 19 点 30 分宾主一起喝开胃酒，19 点 30 分或 20 点晚宴正式开始。

一般来说，客人到后，女主人负责招呼，男主人掌管酒水，需要时两人同时下厨、上菜。入席前男主人请客人喝一些饮料，客人应等主人把各种饮料一一介绍完毕之后才可挑选自己喜欢的饮料，并等所有人都斟满酒后才能开始喝。女主人发话后方可入席。餐桌上，等所有人面前都有菜了才能开始享用。进餐过程中，通常从左边为客人上菜。客人最好每样菜都尝尝，如果客人吃得很香，主人便会非常愉快，尽量不要把菜剩下。如果的确不舒服，或不能吃某种菜，应该事先向女主人道歉，说明情况并请求原谅。吃完饭后要等女主人首先起身离席，客人方可离座。最后，不要忘记赞扬女主人的好客和烹饪技术，表示致意和尊重。

在法国，朋友聚会往往在餐馆或咖啡馆，很少请人到家中做客。相识一段时间后才会被邀到法国人家里做客，第一次邀请通常是隆重而正式的。去赴宴时，客人宜迟到一刻钟至半小时，让主人有充分的时间准备，这是对主人的尊重；若迟到时间过长，要解释迟到原因。客人赴宴时送一束或一篮鲜花给女主人是备受欢迎的礼物。此外，一瓶上乘好酒或是一块精致的蛋糕，同样也会受到欢迎。朋友间邀请，一般不带小孩，席间可以自由交谈。可以请求允许吸烟。

法国人邀请你参加家庭宴会或者午餐招待，若非他们提及生意，一般应尽量避免主动谈生意。在招待对方时谈及生意，他们会断然拒绝，认为你是在利用宴请促进商业交易。法国商人下班后几乎不会接受邀请或者邀请对方在外面举行宴会。

4. 馈赠礼仪

在人际交往之中，法国人对礼品十分看重，他们注重礼物的象征意义而非其价值。法国人偏爱公鸡，认为它是勇敢、顽强的化身，用作“光明”的象征，并奉为国鸟；喜爱鸢尾花，认为它是自己民族的骄傲，是权力的象征、国家的标志，并敬为国花。鲜花是法国人最喜欢的馈赠礼物，但不要送菊花、杜鹃花及黄色的花，花的枝数应为单数（避开“1”和“13”）。玫瑰花代表爱情，不可送给已婚妇女；送别朋友用胭脂花，寓意勿忘我；白菊花，在葬礼上送，表示对死者的哀悼；平时拜访忌送菊花，因为在法国（或其他法语区），菊花代表哀伤；黄色花送朋友，代表友谊永固，但不能送夫妻，因为它象征夫妻间的不忠贞；探望病人送野百合，象征康复；母亲送子女凌霄花，花语是慈母之爱。法国人有极强的民族自尊心和民族自豪感，他们偏爱国货，法国本土出产的香槟酒、白兰地、香水等都是好礼品。还可以挑选具有艺术品位和纪念意义的物品，如唱片、艺术画册等能体现文化素养的物品以及名人传记、回忆录和历史书籍等。

在法国，除非关系融洽，否则相互之间不送礼；如果初次见面就送礼，法国人会认为你不善交际，甚至粗俗。接收礼物时，要当着送礼者的面打开包装并表达谢意。法国人不太重视“礼尚往来”。

5. 饮食礼俗

法国是世界三大烹饪王国之一，法国人十分讲究饮食，把烹调看成是一门艺术。在西餐中，法国菜可以说是最讲究的，风靡全球。法国烹饪用料考究，花色品种繁多，香浓味厚、鲜嫩味美，讲究色、香、味，注重营养搭配。法国人爱吃面食和奶酪，且种类很多；在肉食方面，他们爱吃牛肉、猪肉、鸡肉、鱼子酱、鹅肝、蜗牛；也爱吃新鲜蔬菜、冷盘和各种水果。不吃肥肉、除肝脏之外的动物内脏、无鳞的鱼和带刺骨的鱼；不爱吃辣味重的菜肴。

法国人的日常饮食比较简单。早餐在 7—8 点，有牛奶、咖啡或红茶、面包、热巧克力、鸡蛋；午餐一般在下午 1—2 点，有沙拉、猪排或牛排、土豆条或土豆泥、水果、面包；晚餐是主餐，一般在晚上 8—10 点，有浓汤、沙拉、猪排或牛排、奶酪、面包、水果及葡萄酒等。

法国人重视饮食，也重视餐桌礼仪。宴会时间很长，一般要持续 2 小时以上，大家细嚼慢咽，谈笑风生。座次安排一般是男女交叉坐。坐姿端正，允许两手放在桌上，但不可将两肘放在桌上。用刀叉时，从最外面的餐具开始用。用过的刀叉，并排放在碟子上，叉齿朝上。忌用餐巾用力擦，只用餐巾一角轻按即可。在餐桌上不碰杯，食无声响。嘴里有东西吐出来，需用叉子或手指接住，然后放在碟边，尽量不要引起别人注意。如果调味料放得太远，取不到，可请他人帮忙，不要站起身来拿。吃完各自碟子里的食物被认为是一种礼貌，他们会用面包把盘子里的酱送进嘴里，一点不剩。如果你不想续杯，那就保持酒杯满杯或几乎满杯。法国没有劝酒的习惯，更不会灌酒。法国人讲究虽多，但喝的并不多。

### （二）法国的礼仪禁忌

对法国人应像对其他西方人一样，要尊重个人的隐私，忌问私事。如果你对老年妇女称呼“老太太”，她们是很不高兴的。法国女性有化妆的习惯，所以一般不欢迎服务员为她们送香巾。不宜以刀、剑、剪、餐具，或带有明显广告标志的礼物作为礼品。不要送核桃，因核桃被视为是不吉祥的；不送香水、玫瑰或化妆品给恋人或亲属之外的女性；忌在孩子出生前给孩子送礼；忌在结婚前给新人送礼。不宜随意送给法国人菊花、牡丹、玫瑰、杜鹃、水仙、金盏花和纸花。在图案方面，法国人忌黑桃图案，认为其不吉利；忌仙鹤图案，认为仙鹤是蠢汉和淫妇的代称。在颜色方面，法国人大多喜爱蓝色、白色与红色，忌讳黄色与墨绿色。在数字方面，他们忌讳的数字是“13”与“星期五”。

## 三、意大利的礼仪

意大利国花：雏菊

### （一）意大利的礼仪习俗

1. 服饰礼仪

意大利人对于着装历来都非常讲究，在服饰上喜欢标新立异。他们普遍认为每个人的衣着服饰，既体现自身的修养见识，又反映他为人处世的态度。意大利人在正式社交场合一般着西式服装，尤其是参加一些重大活动，衣着整齐，举止端庄，男士喜欢穿三件式西装，系领带；女士穿套裙。在婚礼上，新娘喜欢穿黄色的结婚礼服。

2. 见面礼仪

意大利人热情、爽快，与他人初次见面时，礼数周全，极其客气。在社交场合与宾客见面时常施握手礼，熟人、友人见面还行拥抱礼，男女见面通常贴面颊。平时熟人在路上遇见，则招手致意。有的意大利人遇见朋友习惯行“压帽礼”，即把帽子拉低，以此表示对朋友的尊敬。

意大利人在与宾客相见时，习惯热情地向客人问好，面带笑容地以“您”来称呼客人。亲朋好友间习惯直呼其名；对长者、有地位的人和不太熟悉的人须称呼其姓，并冠以“先生”“太太”“小姐”等；对重要人物或受人尊敬的人物，称呼时往往在姓前加上职务、头衔。意大利人一般都喜欢别人用头衔称呼自己。妇女结婚后一般随夫姓，也可以在丈夫姓后面加自己的父姓；妇女改嫁后要易姓。由于意大利人的名字难发音、难记忆，名片被广泛使用，初次见面时，双方要互换名片。与意大利人谈话时，应习惯保持 40 厘米左右的礼节性距离。他们说话心直口快，情绪容易激动，谈问题时从不转弯抹角，一般都是开诚布公。

意大利人习惯用手语表达个人的意愿，常用的手势有：用大拇指和食指圈成 O 形，其余三指竖起，意为“好”、“行”或“一切顺利”；竖起食指来回摆动，意为“不”“不是”“不行”；一边伸出手掌，再加上撇撇嘴，意为“不清楚”和“无可奉告”；用食指顶住脸颊来回转动，意为“好吃”；五指并拢，手心向下，在胃部来回转动，意为“饥饿”；五指并拢，用食指侧面碰击额头，意为骂别人“笨蛋”“傻瓜”。

3. 拜访、接待礼仪

意大利人热情好客，喜欢邀请客人吃饭。如果主人一再邀请吃中饭或晚饭而拒不接受，则被认为是缺乏礼貌的。意大利人请客吃饭，通常是在饭馆里，有时也会在家中宴请亲朋好友。朋友间在餐馆聚会，除非事先说明请客外，否则为 AA 制。如果到意大利人家里做客，应该带葡萄酒、鲜花、巧克力、书或手工艺品去，包装要精美。

做客赴宴，意大利人一般不会准时，习惯迟到 15 分钟左右，认为这既是礼节也是风度。如果迟到太久就需要向主人做出解释并表示诚挚的歉意。去意大利人家里做客，要先脱帽后进门，进门后应将帽子放到帽架上；雨天走访，应将雨具放在室外，不可穿着雨衣进入室内。在座次安排上一般男女交叉落座，夫妇还要分开坐。按照传统，女主人会给客人上餐，客人有喜欢吃的食物要告诉女主人，由女主人将食物拿过来。现在，客人可以随意用餐，离食物较远时可请主人或其他客人递过来。在正式宴会上，每上一道菜便配一种不同的酒。吃饭时，主人会找各种话题与客人交谈，所以客人不能总埋头吃饭不说话。如果在晚上聚餐，一般会谈到夜里 12 点以后。这时，主人会极力相留，客人可以找理由先走，但不能过早走。夫妻同去别人家做客，应由妻子先起身告辞。临走时要向主人致谢，晚上要向主人说晚安。如果主人自己驾车送客人回家，那么客人夫妇中的女宾应坐副驾驶位置，以示尊重主人。假如因某种原因没给主人带礼物，第二天一定要给主人打电话致谢。

在意大利，女士受到尊重，特别是在各种社交场合，女士处处优先。意大利人喜欢儿童，如果你到饭店里用餐，见到一些孩子跑来跑去调皮，千万不要生气，否则当地人会对你的行为非常反感。

参加正式的公务会谈、商务活动等要事先安排好，并一定要准时，但不要约在一大早或午餐后一两小时。到意大利进行商务活动，要避开夏季高峰期。圣诞节前后各休息一周。因此，2—5 月、9—11 月最宜拜访。

4. 馈赠礼仪

在人际交往中，意大利人有送礼的习惯。送礼时，要有某种快乐寓意，要送精美典雅的物品，诸如鲜花、名著、书画、工艺品、葡萄酒与巧克力，都是深受欢迎的。在颜色方面，意大利人最喜欢绿色、灰色，也比较喜欢蓝色和黄色。在图案方面，动物和鸟类的图案最受其欢迎，尤其是对狗和猫异常偏爱。有的人把狗视为自己的家庭成员，认为狗是人类最忠实的朋友；对猫感情极深，原因是猫曾为当地消除鼠疫立下过功劳。切勿将手帕、丝织品和亚麻织品送给意大利人。送花要送单数或是一打，不能送 13 枝，也不送菊花，忌讳送带有菊花图案的各种物品。礼品不要用紫色、黑色或金色的包装纸包装。上门拜访时，一般讲究礼品要面呈女主人。收到礼品后，主人会当面打开，并说一些客套或感谢的话。在意大利，相互赠送商务性礼物也是很普遍的。名牌钢笔、日记本、钥匙链、钱包等是比较合适的礼物，不能送有公司标记的礼品。

5. 饮食礼俗

意大利的烹调艺术历史悠久，有精美可口的面食、奶酪、火腿和葡萄酒。

意大利人喜吃米饭和面食。源于那不勒斯的意大利“比萨”名扬欧美，传遍全世界；意大利“通心粉”也很有名气。在意大利，吃面时千万不要切断，否则会被视为幼稚的表现。意大利人认为，餐匙一般是给孩子们、外行人以及不懂餐桌礼仪的人用的。

意大利人在制作菜肴时讲究色香味，其风味菜肴可与法国大菜比美，烹调方法以炒、煎、炸、红焖等著称，菜肴味浓香烂，原汁原味。意大利人爱吃牛肉、羊肉、猪肉、鸡肉、鸭肉、鱼、虾等。

意大利人的早餐非常简单，常常只喝一杯浓缩咖啡或一杯卡布奇诺咖啡，就一个羊角面包。意大利人重视午餐和晚餐，并把正餐当作是一种交际和联络感情的方法。意大利人用餐时往往边喝酒边聊天，因此一顿饭要吃 2 个多小时甚至更长时间。晚餐通常在晚上 8 点半才开始，如果全套吃下来，常常已经是午夜。

用餐时，注意不要让刀叉等餐具碰出响声，按由外向里的顺序用刀叉。要小口进食或喝汤，以免发出声响。吃鱼时，吃完上半部分后，用刀叉取下鱼骨放在盘边，然后再吃下面的一半。吃肉时应边切边吃。吃面包应用手掰成小块来吃，也可以用奶油餐刀加些奶油再送入口中。意大利人不喜欢蒜味，参加会见或宴请活动时，要避免吃大蒜。

意大利人爱饮酒，常饮的品种有啤酒、白兰地等，特别爱喝葡萄酒。一般饭前要喝开胃酒，吃鱼时喝白葡萄酒，吃肉时喝红葡萄酒，饭后喝少量的烈性酒，就连喝咖啡时也喜欢兑一些酒。意大利人席间不劝酒。宴会上，意大利人有开启香槟酒的礼仪，主人轻撬瓶塞，使酒气推动瓶塞，“砰”的一声，瓶塞弹得很远，酒香溢出，以示吉祥。意大利人也嗜好咖啡，意式浓缩咖啡、卡布奇诺、拿铁是意大利最具代表性的几款咖啡，也是风靡全球的饮料。

### （二）意大利的礼仪禁忌

意大利人在人际交往中有许多礼仪禁忌。忌别人用目光盯视他们，认为目光盯视人是对人的不尊敬，可能还有不良的企图。和意大利人交谈时，不要提起“黑手党”、贪污腐败、政治、战争等话题。他们忌讳把盐撒落在地上，因为在古代盐很珍贵，主人向客人敬盐表示欢迎，如果客人将盐弄到地上，就是对主人最大的不尊敬。

意大利人忌讳紫色、仕女图案、十字花图案。在植物花卉方面，他们忌讳菊花，因为菊花是用于葬礼上的花，故把它视为“丧花”。在数字方面，意大利人忌讳“13”和“星期五”。认为“13”象征着“厄兆”，“星期五”也是极不吉利的。

## 四、俄罗斯的礼仪

俄罗斯国花：向日葵

### （一）俄罗斯的礼仪习俗

1. 服饰礼仪

俄罗斯人在穿着服饰上讲究色彩的和谐与整体的搭配。俄罗斯的民族服装色彩鲜艳、宽大，这和俄罗斯民族的生产、生活有关，也体现了俄罗斯人豪迈的性格。

传统的俄罗斯民族服装为：男子是斜襟长袖衬衣，通常在领口和下摆有绣花，穿时在衬衣外面系一根腰带。衬衣一般用麻纱布、白棉布做成，也有用色彩鲜艳的花布做成的。裤子稍肥，用白布或染色的花布做成。在冬季，一般穿厚呢子外衣或毛皮外衣，头戴毡帽，脚穿高阁皮靴。女子的服装主要为用麻布做的有垫肩的长衬衣。在俄罗斯的北部和中部地区，已出嫁的女子在衬衣外面要穿一件无袖长衣——“萨拉范”，在南部地区则穿一种手工编的带有方格图案的毛料裙子。在俄罗斯民间，已婚妇女必须戴头巾，并以白色的为主；未婚姑娘则不戴头巾，但常戴帽子。

现在，在城市里，男子多穿西服；戴呢帽、便帽、礼帽，冬天戴皮帽；穿皮鞋、皮靴或毡靴。女子穿连衣裙或套裙，穿高跟鞋，冬天也穿皮靴，秋冬戴呢帽或皮帽，夏天系花头巾。前往公共场所时，需在进门后自觉将外套、帽子、围巾等衣物存放在专用的衣帽间里。在正式场合，男士一般穿西服、系领带；女士着正装。

**知识链接**

**鲁巴哈、萨拉范**

俄罗斯传统服装鲁巴哈和萨拉范深受妇女们的喜爱。

鲁巴哈是传统的女装，其样式有点像长袖连衣裙。以前，俄国妇女下地除草时都穿鲁巴哈，因为长袖能防止稻草扎刺皮肤。鲁巴哈又被称为“割草裙”。鲁巴哈没有腰身，穿着时须束腰带。最早的鲁巴哈用亚麻制成，节日来临时，人们才穿高级的呢料鲁巴哈。鲁巴哈的款式多样，因地区而异。南部的鲁巴哈为“冬尼卡式”，式样比较简单，领口有点缀，下半部采用直筒裙式。北方的鲁巴哈有修长的腰身，上身衣袖宽松。据说，这种式样很久以前曾流行于斯拉夫人中间。

点缀上漂亮的图案是鲁巴哈的独特之处。莫斯科和北部地区的鲁巴哈为大红色，肩部镶有黄、黑两种颜色，色彩搭配和谐悦目，领口刺绣着均匀的缀褶，下半部则采用红白相间的方格裙搭配，颜色夺目又不花哨。这种款式后来成为北方姑娘的盛装，至今仍是乡村节日庆典中必不可缺的点缀。斯摩棱斯克地区的鲁巴哈以白色为主基调，肩部红白相间，袖管为蝴蝶式，十分漂亮；瓦洛尼什地区的鲁巴哈以烦琐的绣花、复杂的图案为特点，整体看来，颜色热烈、活泼，但又不失整体的和谐效果。

"萨拉范"一词来源于伊朗语中的"萨拉巴"一词，意为"从头到脚"。萨拉范是一年四季都可以穿的女式连衣裙，款式颇像今天人们穿的沙滩裙。冬季的萨拉范用厚呢、粗毛、毛皮制成。人们贴身穿棉麻衬衣，外面穿萨拉范，再围上毛披肩，就可以御寒过冬了。夏季萨拉范的面料有手工蜡染、粗麻布、印花布等，衣服上饰有绣花、补花、丝带，变化多端的装饰和色彩使萨拉范显得自然、活泼、随意。

各地萨拉范的式样大不相同，主要有四种款式，即冬尼卡式、科索科林式、直筒式、腰带式。例如，阿尔汉格尔斯克地区流行的是科索科林式，因为它地处北部，冬季寒冷，所以萨拉范里加有厚厚的衬，一般用手工织成，厚麻织成的里子用于御寒，以深蓝、天蓝、纯白呢料居多，御寒保暖是萨拉范的第一功能。莫斯科人穿的萨拉范为腰带式，面料选用上乘的羊皮、粗纺羊毛，裙摆宽大，质地和颜色都比较高档和讲究。俄罗斯南部，人们穿的萨拉范主要为直筒式和科索科林式。

由于贫富阶层的不同，萨拉范的质地也不一样。贵族女子的萨拉范用的是锦缎、丝绸，颜色也选用华丽富贵的天蓝色和玫瑰色。贫困人家女子的萨拉范用粗呢、麻布制作，而且基本上无装饰物。到过节时，人们会在萨拉范上缝上玻璃片和铜片，以区别于平日的服装。

鲁巴哈

萨拉范

2. 见面礼仪

拥抱、亲吻、握手都是俄罗斯人的重要社交礼节，因对象和场合而有所不同。国家领导人在隆重场合相会，行拥抱礼、吻面礼。在隆重的场合相遇，男女相见通常是男士对女士行吻手礼。俄罗斯人习惯于和初次会面的人行握手礼。男子与妇女、年长者或职位较高的人相遇或告别时，应先行鞠躬礼，待对方把手伸出时再握。男女间握手时，一般要等女士先伸手，男士握女士手时要轻，不要用力摇晃对方的手，也不要问女士的年龄。一般不与初次见面的异性握手，而是行鞠躬礼。在日常生活中表示亲切时，长辈吻晚辈面颊三次或吻一下额头，晚辈吻长辈面颊两次；女子之间多拥抱亲吻，男子间只能拥抱；亲兄弟姐妹见面可拥抱亲吻；夫妇或情侣之间行吻唇礼。

俄罗斯人在介绍人们相识时，总是把女子介绍给男子；女子应主动伸出手去握手并说自己的姓名。在向女子介绍人认识时，应先征求同意后再介绍。非因公结识时，青年男女要说出自己的名字，而中年男女则要说出自己的名字和父名。

在俄罗斯，表示尊敬时用名和姓，表示亲切时用爱称，同辈之间或长辈对晚辈只叫名，工作关系可称呼姓或职务。只有与初次见面之人打交道时，或是在极为正规的场合，才有必要将名字、父称、姓氏三个部分连在一起称呼。俄罗斯人非常看重人的社会地位，因此对有职务、学衔、军衔的人，最好以其职务、学衔、军衔相称。正式场合，他们也采用“先生”“小姐”“夫人”之类的称呼。

在俄罗斯人的交际中，“您”和“你”有严格的界线。一般来说，在关系亲近的人之间，对自家人、熟人、朋友、平辈和儿童称呼“你”，表示亲热、友好；而对长者和陌生人称呼“您”，表示尊敬和客气。如果在称呼上从“您”改为“你”，就说明相互关系获得了进展，达到了一定的深度。相反，如果两人之间的称呼从“你”改成了“您”，就表明双方发生了分歧，友情破裂。有时，刚刚相识的人交谈一阵后，很快改称“你”，说明已成为朋友，不必拘束和客气。上级与下级说话时使用“你”，表示其对人平等、友好和信赖。

俄罗斯人在谈话时要看着对方，不插话，以示尊敬。在公共场合要么不说话，要么低声交谈，不要大声嚷嚷；不能抠鼻孔、伸懒腰、抓痒；不能大声咳嗽；不许吸烟，不许随地吐痰。男士吸烟时，应先征求身旁女士的同意。让烟时，一般要递上烟盒让其自取，不能只给一支，特别注意不要一根火柴点三个人的烟。与人交谈时不能用手指他人。与人交谈时应用在场的人都能听懂的语言说话。俄罗斯人在寒暄、交谈时，对人的外表、装束、身段和风度都可以夸奖，而对人的身体状况不能恭维，他们非常喜欢听到“你非常年轻”“你不显得老”这一类的赞美话。言谈之间勿对其国家民族有轻侮之词。俄罗斯人讲究“女士优先”，在公共场合，男士往往自觉地充当“护花使者”，如不尊重妇女，到处都会遭以白眼。

3. 拜访、接待礼仪

俄罗斯有用面包和盐迎接贵客的习惯，这是给予对方的一种极高的礼遇，来宾需取下一小块面包，沾盐品尝并表示感谢。在俄罗斯迎接客人时有施吻礼的传统。

俄罗斯人很守时，应邀后要准时赴约，并赠送一些礼物。不要到得过早，以免影响主人的准备工作；也不要到得过迟，让主人和其他客人久候是失礼的。

到别人家做客，进屋要敲门，得到允许才能入内。进屋后应脱下外套、手套和帽子，并且摘下墨镜。进屋的人应先向女主人问好，再向男主人和其他人问好；男子应先向女子问候；年轻者应先向年长者问候。当女子走进客厅时，男子应站起来表示欢迎，而男子走进客厅时，女子可不站起来，但必须面向主人，以示礼貌。熟人相见若不问好，不仅不礼貌，还表示双方的友谊已不存在。会客时宾主座次也有讲究，最尊贵的座位是家里圣像的下面，主人坐在贵宾的右手边。告别时，如客人信奉东正教，客人要先向圣像祈祷，然后与主人行吻礼；视客人的尊贵程度，主人决定将客人送至房间门口或送至屋门槛。俄罗斯人禁忌隔着门槛握手言别。

4. 馈赠礼仪

俄罗斯人重视文化教育，喜欢艺术品和艺术欣赏。应邀做客可以送鲜花和酒、艺术品、书等礼物。俄罗斯人酷爱鲜花，无论生日、节日，还是平时做客，都离不开鲜花，所以，在俄罗斯的生活交往中，送鲜花是最佳的礼物。喜欢赠送的鲜花有玫瑰、石竹、水仙等。赠送鲜花只能是单数，一般不能送 1 枝鲜花，通常是送 3 枝、5 枝或 7 枝；只有在对方有人去世时，才送双数的鲜花，即 2 枝或者 4 枝。按俄罗斯的习俗，白色象征着纯洁、清白，所以通常以白花送新郎、新娘；而红色象征着胜利、勇敢、尊严，所以红花可以送女性；因为黄色象征着别离、背叛，一般不宜以黄色鲜花送人。除此之外，巧克力是受欢迎的礼物，价值不必太高，正应了“礼轻情义重”。

5. 饮食礼俗

在饮食习惯上，俄罗斯人讲究量大实惠，油大味厚，喜欢酸、辣、咸味，偏爱炸、煎、烤、炒的食物，尤其爱吃冷菜。俄罗斯人以面食为主食，鱼肉禽蛋和蔬菜为辅食。喜欢用黑麦烤制的黑面包；喜欢牛、羊肉；很爱吃黄油、酸牛奶、红菜汤、西红柿、鱼子酱、酸黄瓜、咸鱼等。“没有黄油粥不香”这句民谚充分反映了俄罗斯人的粥与众不同，其主料是玉米片、麦片、马亚粉等和牛奶、黄油一起煮。俄罗斯人吃水果的时候，多不削皮。蜜糖饼干是俄罗斯传统的节日美食。俄罗斯菜肴丰富，但不吃海参、海蜇、乌贼、黄花菜、木耳。

在饮料方面，俄罗斯人爱喝冷饮、爱喝酒，且酒量大。具有该国特色的烈酒伏特加，是他们最爱喝的酒，也喜欢中国的白酒。此外，他们还喜欢喝一种叫“格瓦斯”的饮料。喝茶是俄罗斯人的一大嗜好且有鲜明的民族特色。俄罗斯人在喝红茶的时候，茶里除了加糖以外，还可以加果酱、奶油或柠檬汁。喝茶时一般伴以糖果和小吃。一般不喝绿茶。

俄罗斯人用餐时多用刀叉，忌讳用餐发出声响。不能用匙直接饮茶，或让其直立于杯中。通常，吃饭时只用盘子，而不用碗。参加俄罗斯人的宴请时，宜对其菜肴加以称道，并且尽量多吃一些。俄罗斯人将手放在喉部，一般表示已经吃饱。

### （二）俄罗斯的礼仪禁忌

俄罗斯人忌送野花、菊花、杜鹃花、黄色的花或者三色以上混杂的花；忌讳送蜡烛、手帕、空钱包、刀叉等有利刃或齿状的物品、猫。忌讳黑色；忌讳 5 月成婚；忌提前过生日；忌妇女不戴头巾进教堂；忌用死人触摸过的东西；忌讳就餐时照镜子；忌用刀把食物放进嘴里；忌打翻盐罐。在俄罗斯，打翻盐罐被视为家庭不和的征兆，打碎镜子意味着个人生活中将出现不幸；而打碎杯子、碗、盘子和碟子，则意味着富贵和幸福，因此在隆重的喜庆场合俄罗斯人还会特意打碎一些盘碟表示庆贺。俄罗斯人有“左主凶，右主吉”的传统观念，所以忌讳左手递物、进食、握手、抽签等。

与俄罗斯人交谈的时候，不要问及生活私事，忌讳谈及政治矛盾、经济难题、宗教矛盾、民族纠纷、苏联解体、国际纠纷问题的话题。不能在背后议论第三者，更不能说他们小气。

俄罗斯人对于“13”与“星期五”十分忌讳，认为“13”是凶险和死亡的象征。

课堂讨论

欧洲国家和亚洲国家在礼仪禁忌上有哪些异同?

任务实施

查找并相互讨论交流欧洲各国常见礼仪规范与禁忌。

# 任务三 美洲国家的礼仪

对于我国来说，美洲的主要客源国是美国、加拿大、巴西等。

任务分析

本任务重点介绍美国、加拿大、巴西等国家的习俗礼仪、饮食习惯、礼仪禁忌等知识，应在实践中掌握及运用。

任务准备

## 一、美国的礼仪

美国国花：玫瑰

### （一）美国的礼仪习俗

1. 服饰礼仪

美国人的服饰追求体现个性、气质、风度，讲求舒适。在日常生活中，美国人大多数时候喜欢穿T恤衫、夹克衫、牛仔裤、运动衫、旅游鞋。在正式社交场合注重着装，重要场合按请柬要求着装。在正式场合或上班时，男性应着深色西服，女性以裙装为宜。深色西装应着黑色皮鞋，深色袜子。女性穿晚礼服裙摆应长及脚踝，并穿高跟鞋。穿深色西装套装忌穿白袜子，男式裤子不能露出衬裤；女子穿裙装不能露出衬裙，裙子要盖过丝袜口，否则被认为是缺乏基本的着装常识。在美国，女性最好不要穿黑色皮裙，女式短裤不能配高跟鞋。任何人都不能在公众场合穿背心、睡衣。美国人非常注重服装的整洁，穿脏、皱、有异味的衣服会被人看不起。

2. 见面礼仪

美国人在一般场合见面时，常直呼对方的名字，向对方点头、微笑，或向对方打个招呼即可。在分手时，也不一定跟别人道别或者握手，而是向大家挥挥手，或者说声“再见”“明天见”。在正式场合行握手礼。握手时，长幼之间，年长的先伸手；上下级之间，上级先伸手；宾主之间，则由主人先伸手。在公务场合，女士先伸手，男士才能握女士的手。若女士无意握手，则男士应点头或鞠躬致意。男士与女士握手不可太紧，握手前应脱手套，来不及脱应致歉。握手时注视对方，人多时不可交叉握手。女士之间一般不互相握手。关系密切的亲朋之间可行亲吻礼，女士之间互吻面颊，男女之间由男士吻女士面颊。对于别人的握手、拥抱、吻手、注目、点头等礼节，也以同样方式回礼。

初次见面，相互介绍很简单。一般将卑介绍给尊，即将客人介绍给主人，将年轻人介绍给年长者，将下级介绍给上级，将男士介绍给女士。介绍后握手须简短有力，美国人认为有力的握手代表诚恳坦率。美国人一般不主动递名片给别人，不把互赠名片视为礼节，只为便于日后联系时才送名片。送名片给他人时并不期待他人回送名片。

美国人习惯于相互间直呼其名，以缩短彼此间的距离，并视此为亲切友好的表示。一般不用“先生”“太太”“小姐”等称呼；从不用行政职务如“局长”“经理”“校长”等头衔称呼别人，也很少用正式头衔称呼别人。正式头衔一般只用于法官、高级政府官员、军官、医生、教授和高级神职人员。称呼长者忌用“老”字。

美国人讲话中礼貌用语很多，如“对不起”“请原谅”“谢谢”“请”等。与美国人交谈时最好保持50～150厘米的距离，距对方过近是失敬于人的。忌问私事，声音不可以太大，不可以大笑，更不可以大声争吵，惊讶时不可以伸舌头。美国人交谈、示意时喜欢用手势。如请人接电话，用听电话的手势；请侍者结账，用写字的手势。打过招呼即谈正事，不送茶、不寒暄。美国人崇尚“女士优先”。

3. 拜访、接待礼仪

美国人的时间观念很强，约会要事先预定时间，一般不迟到。若接到正式的邀约，请柬上如印有“R. S. V. P.”，则去与不去都必须电话通知。大型活动请柬通常印有“Regrets only”，此时只有不参加时才须通知。非正式私人邀请，可用电话或信函，明确告诉时间、地点。接到邀请，要回柬致谢；若没有赴约把握不要轻易应允；若不能应邀要说明理由，并致歉意。若临时不能赴约，务必电话通知，绝不可无疾而终，随意让人空等。要拜访，需事前约定，否则就会被当成不速之客，甚至吃闭门羹。星期六、星期天，以及在早上8点前或晚上10点后，除非有急事或要事，一般不要拜访。

上门做客早到是失礼的，可迟到 5～10 分钟，迟到 15 分钟以上应打电话给主人通报。去亲朋家做客，进门时要擦去鞋上泥土、脱帽，湿的雨衣、雨伞放在室外。进门后要摘帽，在房间里戴着帽子是很不礼貌的。进屋后，先问候女主人，再问候男主人。宾客较多时，可以只与主人和熟人握手，对其他人点头致意即可。做客时，如果主人请你就座，你为表示客气而不马上坐下，会使主人感觉不安，以为椅子上不洁或有其他不便。不要轻易吸烟，会抽烟的客人应接受主人敬的烟，而不能抽自己带的烟。不可随意翻动主人的东西、抚弄摆设，也不能打听摆设的价格。要多谈众人感兴趣的话题，不要只讲自己感兴趣的事。做客时不宜久留；主人没有留客用餐，客人则应在用餐时间之前告辞。夜间造访，主人不能穿睡衣接待客人。

如果应邀参加家庭聚会，可问主人需要什么礼物，即使主人婉谢，届时仍可带瓶酒、一束鲜花，或酌情带一些其他小礼物。有何饮食禁忌可先告知。除非事先言明，一般聚会活动以不带小孩参加为宜，如果聚会性质为野餐烤肉，则大都可全家参加。

在美国，在家宴请客人比在餐馆宴请更受人欢迎，因为家里气氛更加亲切友好。家宴分两种：第一种是家庭用餐式，第二种是自助餐式。应邀到他人家里用餐，席间应当称赞女主人准备的菜肴，并尽量吃完盘里的饭菜。餐后要与主人交谈片刻之后再告辞，但不可久留。告辞时应感谢主人款待。如果是夫妇一同到别人家去做客，应由妻子先起立告辞。如果客人比较多，应等年长职位高的客人或重要的女宾先告辞后，自己才告辞。如果有事需要先走，应向主人请求原谅后再离去。如果你与主人不很熟，事后还应尽早给主人打个电话表示谢意，或寄一封感谢主人的短柬，并随附一盒巧克力或一束鲜花等小礼物。若在主人家过夜通常寄感谢卡给女主人。

4. 馈赠礼仪

美国人有礼尚往来的习惯，但他们忌讳接受过重的礼物，美国人不看重礼品自身的价值，从家乡带去的工艺品、艺术品、名酒等是美国人喜欢的礼物。

一般来说，美国人不随便送礼，除节假日外，应邀到美国人家中做客甚至吃饭一般不必送礼，也不可在其他客人不送礼时单独送礼，送礼最好给女主人。上门拜访如要带礼物，可以是一瓶酒或是给女主人的一束鲜花等。公务送礼的礼品可以是日历、钢笔、精装日记本等文具。一般不在公开场合送礼，不可送重礼品，以避贿赂之嫌，礼品上不能有送礼单位的标志，否则有广告之嫌。会议礼品在会议结束后送，如在告别宴会上送。

节日、生日、婚礼或探视病人时，送礼还是免不了的。美国人喜欢充满友情的礼物，讲究包装，却不一定是太贵重的东西。即使是送给亲友的礼品也要附上礼品卡；送礼目的要明确，否则会令人莫名其妙。蛋糕、点心、巧克力、乡土工艺品、书籍等均可作为礼品(用单数)。美国人最盛行在圣诞节互赠礼品，礼物多用花纸包好，再系上丝带。美国人重视生日，尤其是孩子的生日，应邀出席生日聚会的客人应送礼以示祝贺。探病大多是送鲜花，有时也送盆景。如果自己亲自去慰问，送花则不必附名片；如果请花店直接送去，就须附名片。送朋友远行时，常赠送鲜花、点心、水果或书籍杂志等，礼品上也附有名片，祝他一路平安。应邀赴宴时，情真意切的祝酒词是最好的礼品。平时最好的送礼方式是请人吃饭、喝酒或去别墅共度周末。

男士不可随便送香水、化妆品和白玫瑰给女士，这些是送给恋人的礼品。受礼时要当场打开礼物，致谢和赞美礼物，受礼后不必马上回赠。

5. 饮食礼俗

美国人生活节奏比较快，也表现在用餐上。美国食品以其快餐著称，快餐的种类常有汉堡包、热狗、馅饼、炸薯条、炸鸡等。美国人的早餐和午餐相对简单，果汁、牛奶、面包、麦片、咖啡是比较普遍的早餐食品。最喜欢的午餐食品是汉堡包和三明治，此外还有比萨饼、热狗等。晚餐一般比较丰盛，常吃牛排、炸鸡、火腿等。美国人以食用肉类为主，最爱牛肉，鸡肉、鱼肉也很受欢迎，不喜欢吃狗肉、蛇肉、淡水鱼等。美国人喜欢“生、冷、淡”的食物，口味喜欢咸中带甜。不喜欢吃鸡爪、猪蹄、海参、动物的内脏、肥肉等。美国人爱喝矿泉水、冰水、可口可乐和啤酒、威士忌、白兰地、葡萄酒等，大型宴会喝鸡尾酒，一般不喝烈性酒。餐前喜欢喝些果汁，餐后喝咖啡。喝饮料时大都喜欢放冰块。

美国人请客吃饭，属公务交往性质多安排在饭店、俱乐部进行，由所在公司支付费用；关系密切的亲朋好友才邀请到家中赴宴，待客的家宴经济实惠、不摆阔气、不拘泥形式。在美国人家中就餐时，如果对吃西餐的礼节不熟悉，那么最好的办法是注意女主人的动作，照她的样子做。在美国人家中就餐，常会听到主人说“这是我最拿手的菜，希望你们喜欢吃”一类的话，客人应对女主人的手艺夸赞几句。在餐桌上，女主人是无形中的首脑人物。上菜之后，客人一般要等女主人动手吃后才开始吃。主人第一次为你布菜，不必客气推让，否则女主人会以为是嫌她的菜做得不好。饭后，也应由女主人领头离席，客人才离席。

和美国人就餐时要注意：用餐、喝酒、喝饮料时尽量不要发出声音，不许替他人取菜，不许向他人劝酒，不许吸烟，不许当众宽衣解带。用餐结束，要把用过的餐具整理好，放在原来的位置上，并把剩下的东西收拾干净。

### （二）美国的礼仪禁忌

在日常行为方面，美国人在公共场合和他人面前，忌蹲在地上或是双腿叉开而坐，这两种行为被视为失礼之举。跟美国人相处的时候，要注意体态语的运用。美国人一般忌讳盯视他人、朝别人伸舌头、用食指指他人、用食指横在喉头之前等，他们认为这些体态语都具有侮辱他人之意。在美国，微笑必须要有来由，莫名的微笑有时会被误认为是“耻笑”，或是一种“暧昧”和“暗示”。美国人认为个人空间不容侵犯，因此，碰到别人的时候要及时道歉，坐在他人旁边要征得对方的同意，谈话切勿距离对方太近。与美国人交谈时，体育运动、休闲娱乐和家庭生活是恰当的话题，政治矛盾、国际形势等为不恰当的话题，最忌讳打听别人的私事。美国人不习惯自谦，常把过谦视为虚伪、口是心非、装腔作势。

在动物方面，美国人讨厌蝙蝠，不喜欢蝙蝠图案的商品。在颜色方面，美国人忌讳黑色，因为在美国黑色主要用于丧葬活动。在数字方面，美国人最讨厌的数字是“13”和“3”。不喜欢的日期是“星期五”。

## 二、加拿大的礼仪

加拿大国花：枫叶

### （一）加拿大的礼仪习俗

1. 服饰礼仪

加拿大人的衣着与美国人相近，但不像美国人那么随便。在非正式场合，他们穿着随意，男子常穿夹衫、圆领衫、便装裤等；女子穿整套衣裙或衫裙，服装颜色不宜太显眼，款式不能过于奇异。在正式场合，如工作、去教堂、观看表演、赴宴等，他们着装整洁、讲究。男子要穿深色西装，打领带；女子则穿较庄重的裙服。特别注意，参加婚礼时，女子不宜打扮得过分耀眼，喧宾夺主，更不宜穿白色或米色系列的服装，因为象征纯洁的白色是属于新娘的。参加葬礼时，男子要着整套西装，打素色或黑色领带；妇女则穿素色衣裙，款式要保守，不宜穿金戴银和化浓妆，以表现出自己对死者的哀悼。

2. 见面礼仪

在加拿大，人们初次见面或朋友间分别和久别重逢时行握手礼，亲友之间还可以亲吻面颊和拥抱，分手时也行握手礼。称呼方面与欧美国家相同，熟人之间问候时会握手，说“见到你很高兴”“幸会”等。握手时，女士、年长者、职位高者先伸出手。如女士不愿意握手，可以只是微微欠身鞠躬致意。主人应该对客人先伸手，客人在告别时要先伸手。

加拿大人在做介绍时，一般遵循先少后长、先高后低、先宾后主的次序。在朋友众多的场合，他们一般顺着次序介绍，让大家互相认识；有地位较高的人士或辈分较高的长者在场，总是先把朋友介绍给他们。在隆重正式的场合，加拿大人总是连名带姓地做介绍。做介绍时，双方都要站起来，友好地正视对方，面带笑容。加拿大人忌讳用食指指指点点，而代之以五指并拢、掌心向上的手势。加拿大人在做自我介绍时，声音适中，一边与别人握手，一边说出自己的姓名。在加拿大，名片使用不太广泛，一般在从事商务活动中，首次见面口头介绍的同时递上名片，且只需和公司高级职员交换名片。熟人见面一般直呼其名，以示亲近友善，对长者和尊者要使用尊称。称呼对方千万不要在其名字前面加上“老”字，会引起他人的不快。

与加拿大人交往时，不必过于自谦，不然会被误认为虚伪和无能。与加拿大人交谈要选择众人共同关心的话题，他们喜欢别人赞美他的衣服、手表或向他请教一些关于加拿大的风俗习惯、游览胜地方面的问题。忌询问私人问题，不喜欢将加拿大与美国相比，不谈社会敏感问题。加拿大人常用两手手指交叉置于桌上等姿态来缓和紧张气氛或掩饰窘态。耸肩时，大多是表示自己“无能为力”，或者是为了掩饰自己的窘态。喜欢用手指比画“V”字形或“OK”字样，因为“V”象征胜利、成功，而“OK”表示“对”“行”“可以”等意思。在公共场合，加拿大人不喜欢抢着插嘴、边说话边手舞足蹈的人，不喜欢别人老盯着自己，在人前挠头皮、清理手指甲缝里的污垢，会被人认为是缺乏教养的。

3. 拜访、接待礼仪

在加拿大，拜访他人无论正式与否都需预约，一般未经预约就到加拿大人的家里或办公室拜访是不礼貌的。大多数加拿大人很守时，约会一定准时。若因有事不能按时赴约，要事先打电话通知对方。特别是在办公室里时间观念尤其强，因公拜访要抓紧时间，办完事情就告辞。

加拿大人经常在家中宴请亲朋好友，非正式聚会很普遍，尤其是在冬季。接到正规请柬应及时回复。赴宴时可稍微晚到一会儿，若有事晚到 20 分钟以上或不能到场，应事先通知主人。参加朋友间非正式聚会，可穿普通服装，但最好不要穿牛仔裤。当参加聚会人数多时，经常采取冷餐会形式。宴请客人时，通常由女主人安排座位，入座后男主人常常做简短祈祷，这时客人也应随大家一道低头。吃饭的时候，最好每一样菜都要尝一下。客人送的酒主人一般会在就餐中让大家一起饮用。做客时不要随便动别人的东西。加拿大人非常喜欢宠物，尤其是狗，所以即使很怕狗，也不要表现出自己对它的厌恶，保持距离即可。客人参加聚会，晚上一般应在 10 点以前、周末应在 11 点半以前告辞。客人回去后，近者可马上打电话致谢，远者可第二天打电话或写信向女主人报平安并致谢。

4. 馈赠礼仪

在加拿大，商务活动中最好赠送具有民族特色的、比较精致的工艺美术品。礼物要用礼品纸包好，附带一张写有对方和送礼人姓名的卡片。出席商务性的宴会，如对方在请柬上注明“请勿送礼”，应尊重主人的意见，不要携带礼品出席宴会。因公事拜访或平常到朋友家做客一般不送礼。初到加拿大朋友家做客时，一般带一瓶酒或给女主人一束鲜花，但不要送百合，白色的百合在加拿大只用于葬礼。中国人首次去加拿大人家做客时，可带一点具有中国特色的小礼品，如手工艺品、绣花台布、漂亮的纱巾等，备受女主人的欢迎。去亲朋家度周末、节日时，最好给女主人和孩子带点礼物，包装要精美。送礼时应当面交给女主人，主人应当面打开包装，并对礼品给予赞扬。

5. 饮食礼俗

加拿大的饮食习惯与英国、法国两国比较接近。一般情况下，加拿大人对法式菜肴比较偏爱，面包、牛肉、鸡肉、鸡蛋、土豆、西红柿等食物为日常喜爱的食品。特别爱吃烤制的食品，烤牛排、羊排、鸡排、土豆等都是他们喜爱吃的。总体上，他们以肉食为主，爱吃奶酪和黄油，喜欢酸甜、清淡的口味。加拿大人多不喜食肥肉，忌食鱼露、虾酱、腐乳等腥怪气味的食物，动物内脏和脚爪是加拿大人的禁忌食物。大多数加拿大人喜欢饮酒，冰酒、威士忌、白兰地、伏特加、啤酒等都很受欢迎，还喜欢喝咖啡、红茶、牛奶、果汁、矿泉水等。加拿大人的早餐和午餐很简单，晚餐是正餐。正餐通常以汤开始，主菜包括鸡、牛、猪、鱼等肉类和面食，加上胡萝卜、豆角等蔬菜，再吃甜点、水果等，之后饮牛奶、咖啡和茶等饮料。

加拿大人为客人举行招待会大多在饭店或俱乐部进行。初次和他们外出吃饭或者喝咖啡，一定要自己付钱，除非别人非要请你。在餐桌上，男女主宾一般分别坐在男女主人的右手边。进餐时，左手拿叉、右手拿刀，刀叉用完后放在盘子边上，切忌把自己的餐具摆到他人的位置上。吃东西时不要发出声音，不宜说话。不可在餐桌上吸烟、吐痰、剔牙。同加拿大人吃饭不要过度礼让和劝酒。在加拿大人家里吃饭时，不能说令人悲伤、与死亡有关的事。

### （二）加拿大的礼仪禁忌

在日常生活中，加拿大人认为请人吃饭时将盐撒了、把玻璃物品打碎、从梯子底下经过，都是不吉利的事情。加拿大人喜爱音乐和艺术，在影剧院看戏、听音乐会，要衣着整齐；不喜欢别人迟到，也不喜欢旁人讲解剧情；开演后才到的人应到中场休息时再入场。若看到有“私人财产，请勿穿越”或“请勿入内”之类牌子的地方，应绕道而行。与加拿大人交谈时，不要插嘴，不要打断对方的话，也不要任意去补充对方的话或者与其强词夺理。

在数字方面，加拿大人将“13”视为厄运之数，“星期五”则是灾难的象征，对于这些都是深为忌讳的。

## 三、巴西的礼仪

巴西国花：毛蟹爪莲

### （一）巴西的礼仪习俗

1. 服饰礼仪

巴西人的穿着打扮十分讲究，主张在不同的场合人们的着装应有所不同。巴西男子平时穿短裤和衬衫，但是上班或参加社交活动则至少要穿短衬衫、长西裤，女士则最好穿高领带袖的长裙。在重要的政务、商务活动中，要穿西装或套裙。相对而言，巴西妇女的着装更为时髦一些，她们喜欢戴首饰，通常喜欢穿色彩鲜艳的裙装。巴西的黑人妇女习惯上身穿短上衣，下身穿肥大的花裙，并经常身披一块又宽又大的披肩。她们喜欢戴手镯，并在腰带上系上许多垂饰。巴西的纳坚斯第地区女子习惯以戴帽子表达不同含义：把帽子戴得偏右表示已婚；偏左表示未婚；帽子顶在前额则表示遇到了不幸之事而心情沮丧。

2. 见面礼仪

巴西人性格直来直往，在人际交往中大都热情坦率。巴西人在社交场合与客人相见时，最常用的礼节是微笑和施握手礼，在十分正式的活动中以握手为礼。男女见面和分手时一般以握手为礼。在巴西某些地方，人们相见时往往以拳礼（行此礼要先握紧拳头，然后向上空伸出拇指）相互表示问安和致敬。亲朋好友、熟人或情侣之间相见时，大多都习惯施拥抱礼或亲吻礼。巴西人乐于表露感情，在马路上也会相互拥抱。妇女之间最常用吻礼（行此礼是脸颊相贴，空吻一下）。在巴西印第安人区还流行着一种奇特的礼节——沐浴礼。客人来访第一件事就是请他们洗澡，客人洗澡时间越长，就越表示对主人的尊敬。如果主人有急事要谈，则主人陪客人同浴，边洗边谈。与一小群人告别时，必须与在场的人一一握手。一般情况下，巴西人喜欢彼此直呼其名，只有在极为正式的场合，才有可能使用姓名全称。

3. 拜访、接待礼仪

巴西人对时间的态度比较随意，所以，应谅解对方的迟到。在巴西参加商务活动，要准时赴约，男士宜穿整齐深色的西装，女士则最好穿职业套裙。

巴西人不轻易邀请客人到家中用餐，招待普通朋友一般是到餐馆请客。只有知己或亲密的朋友才能被请到家中做客，这也是给客人的一种最高礼遇。在巴西人的家宴上，酒类准备得较多，通常以红、白葡萄酒和啤酒为主；凉菜多为沙拉，主菜则以烤肉为主；饭后备有甜食、水果、咖啡、茶、冰激凌等。席间，主人一般不劝酒，客人喜欢哪种酒、哪种饮料可随便饮用。不要特别赞赏主人家里的任何一件东西，否则他们将坚持送给你，而你必须接受。在巴西人家里做客后的第二天，可给女主人送上一束鲜花并附上一封感谢信，切忌送紫色的花。

与人交谈时，巴西人神采飞扬，滔滔不绝。巴西男人爱讲笑话，爱听趣闻，万不可以为他们是在对你嬉皮笑脸，存心怠慢。他们习惯拍拍打打地同他人谈话，他们认为这样更能显出相互间的亲近和友好。与巴西人交谈时，最好不要主动提及工作，不要一开始就讨论商业事务，除非主人先开始谈，也不要谈论政治、宗教、民族等话题，不要说带有种族歧视的笑话。巴西人爱夸耀自己的孩子，对他们的孩子表示关注会使他们高兴。

4. 馈赠礼仪

巴西人在接受别人送礼时，总是当面打开礼品包装，然后致谢，收下礼品。

初次见面，最好送些小礼物，但忌送手帕，他们认为送手帕会引起争吵和不愉快。女士应避免送礼给男士，否则容易引起误解；双方已建立较好的个人关系以后，不应再送商务范畴的礼物；送给孩子的礼物最受赏识和欢迎；送礼最好在商务会谈之后、气氛轻松以及吃饭的时候。

5. 饮食礼俗

巴西菜量少而精，注重营养成分。巴西人的饮食一般不喜欢太咸，以焦香、麻辣为主；主食以黑豆饭为主；爱吃猪、牛、羊、鸡和各种水产品；喜欢西红柿、白菜、黄瓜、辣椒、土豆、洋葱等各种蔬菜；调料喜用棕榈油、胡椒粉、辣椒粉等；偏爱清蒸、滑炒、炸、烤、烧等烹调方法制作的菜肴。烤肉是巴西人最喜欢吃的风味菜之一，既是一道国菜，又是最受欢迎的一道大众菜。巴西人不喜欢吃多刺的鱼，吃鱼多用烤、炸和煮三种方式，也有烤、炸后再浇上汁的。巴西人习惯生吃蔬菜，忌吃奇形怪状的水产品和用两栖动物肉制作的菜品，也不爱吃用牛油制作的点心。巴西人习惯在正餐之后吃甜点或水果。

巴西有“咖啡王国”之称，巴西人爱喝咖啡；也爱喝红茶；他们喜欢饮用葡萄酒、香槟酒、桂花陈酒。巴西盛产各种水果，巴西人爱吃菠萝、香蕉、柑橘、葡萄、苹果等水果以及腰果、杏仁等干果，鲜榨的果汁也成为佐餐的最佳饮料。瓜拉那汁是巴西特有的一种汽水。

在巴西餐馆用餐，餐具放在即将就餐的客人面前，叉子放在餐盘的左边，刀放在餐盘的右边，勺摆在刀的右边。刀叉的数目要与菜的道数相同。使用刀叉由外及里。吃面包不使用刀叉，用手掰食。每道菜吃完，侍者将用过的盘子和刀叉撤去，再换上新的餐盘，以供吃下一道菜时使用。用餐时，右手持刀、左手持叉。用刀将盘内的肉等切小块儿，再用叉把食物放进嘴里。巴西人喜欢饮酒，但一般不劝酒，也不灌酒。

### （二）巴西的礼仪禁忌

在人际往来中，巴西人极为重视亲笔签名，不论是写便条、发传真，还是送礼物，他们都会签下自己的姓名，否则就是不重视交往对象。他们对行文或通信中，别人代签或以印章替代签字的做法是不理解的，甚至认为这是不尊重对方的表现。巴西人忌用拇指和食指连成圆圈，并将其余三指向上伸开，形成“OK”的手势，他们认为这是一种极不文明的表示。他们对未经允许私入宅门的人是极为讨厌的，认为不怀好意的歹徒才会这样做。在巴西，女士最好不要邀请关系普通的男士共进晚餐，对于对方的邀请也不宜接受，否则就有可能使对方产生误会。

巴西人对蝴蝶十分偏爱，认为蝴蝶是吉祥之物，所以在巴西人面前不能提及蝴蝶是害虫。巴西人忌讳紫色，认为紫色是象征死亡、悲伤的色调，忌讳绛紫红花，因为这种花主要用于葬礼上；他们还把人死比喻为黄叶落下，因此，黄色就成为凶丧之色，为人们所忌讳；他们还忌讳深咖啡色，认为它会招来不幸。在巴西旅行，穿衣一定要注意避讳以上几种色彩，免得招人反感。

巴西人忌讳数字“13”，认为其为不祥之数，会给人带来厄运或灾难。

## 课堂讨论

美洲国家和亚洲国家在礼仪上有哪些异同？

## 任务实施

查找并相互讨论交流美洲各国常见礼仪规范与禁忌。

## 项目小结

本项目主要介绍了亚洲、欧洲、美洲主要客源国的礼仪习俗与禁忌，在相互讨论交流中学习各主要客源国常见的礼仪规范与禁忌，加深对这些国家的了解和认识；通过课外查阅资料，增加对主要客源国政治、经济、文化情况的了解，为旅游活动的开展提供便利。

## 项目测评

### 一、选择题

1.（　　）受儒家文化的影响，妇女十分尊重男子。

A. 新加坡人　　B. 韩国人　　C. 泰国人　　D. 日本人

2.（　　）习惯以奇数表示“阳”“吉”，以偶数表示“阴”“凶”。

A. 英国　　B. 俄罗斯　　C. 日本　　D. 加拿大

3. “换橘子”是（　　）的礼节。

A. 新加坡　　B. 英国　　C. 法国　　D. 美国

4. “英式下午茶”这一称谓正式出现在（　　）。

A. 16 世纪 40 年代　　B. 17 世纪 40 年代

C. 18 世纪 40 年代　　D. 19 世纪 40 年代

5. 沐浴礼是（　　）印第安人区流行的一种奇特的礼节。

A. 巴西　　B. 美国　　C. 加拿大　　D. 意大利

### 二、判断题（对的打“√”，错的打“×”）

1. 深受俄罗斯妇女们喜爱的传统服装是鲁巴哈和萨拉范。（　　）

2. 美国食品以其快餐著称，快餐的种类常有汉堡包、热狗、炸薯条、炸鸡等。（　　）

3. 加拿大素有“移民之国”“枫叶之国”“万湖之国”的美誉。（　　）

4. 泰国人喜欢用不同的颜色代表不同的日期，粉色表示周一、绿色表示周三、淡蓝色表示周五、红色表示周日。（　　）

5. 巴西有“足球王国”“咖啡王国”“狂欢节之乡”的美称。（　　）

### 三、案例分析

一天，参加工作不久的杨小姐被派到外地出差。在卧铺车厢里，她碰到一位来中国旅游的美国姑娘。美国姑娘热情地向杨小姐打招呼，使杨小姐觉得不与人家寒暄几句实在显得不够友善，便操着不太流利的英语与对方聊天。

交谈中，杨小姐有点没话找话地询问对方：“你今年多大了？”美国姑娘答非所问地说：“你猜猜看。”杨小姐自觉没趣，又问道：“你这个年龄，应该结婚了吧？”令杨小姐吃惊的是，对方居然转过头去，再也不理她了。一直到下车，两个人再也没说一句话。

思考：为什么美国姑娘没有搭理杨小姐？杨小姐哪里做错了？请说说你的看法和意见。

### 四、综合实训

情景模拟演练：每组 2～3 人，自行选定以某个国家为情境背景，进行见面交谈礼仪、拜访接待礼仪、旅游礼仪等模拟演练，展示时间 5 分钟左右。

要求：

（1）情境设计思路流畅，具有整体故事性。

（2）演练过程尽量涵盖较多礼仪内容。

（3）表演者的礼仪要规范、得体。

# 参考文献


1. 舒静庐．社交礼仪．上海：上海三联书店，2014.
2. 吴宝华，张杨莉．礼貌礼节．2版．北京：高等教育出版社，2012.
3. 牟红，杨梅．旅游礼仪实务．北京：清华大学出版社，2015.
4. 刘伟．旅游职业礼仪与交往．北京：旅游教育出版社，2015.
5. 陈卓．礼仪训练与旅游行业职业修养．北京：中国劳动社会保障出版社，2016.